Dominar Fuerza Mental

Manual de 10 Pasos para Desarrollar la Confianza en uno Mismo, la Resistencia, el Valor y la Disciplina

(Con 15 Ejercicios para Lograr tus Objetivos y Cambiar tu Vida)

MASTER.TODAY

Roger Reed

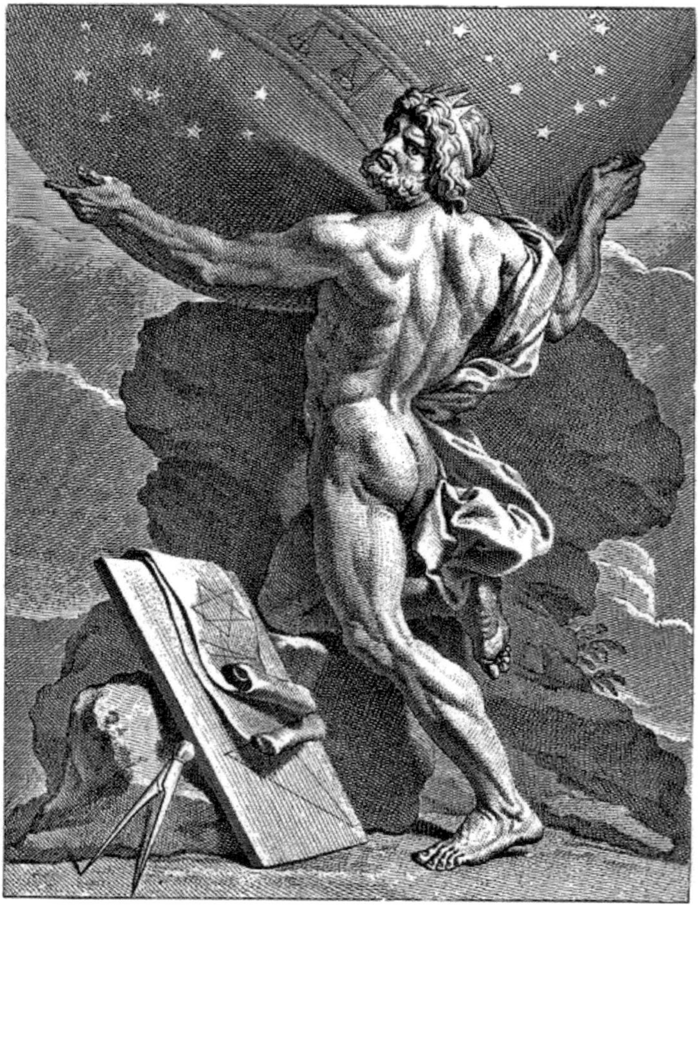

Introducción

¿Qué es lo que distingue a las personas con más éxito del resto? La capacidad de trabajar duro es, por supuesto, algo importante. También lo es tener una visión clara de lo que se pretende conseguir. Pero hay otro atributo, menos obvio, que tienen en común prácticamente todas las personas que triunfan en cualquier campo: la fortaleza mental.

No importa si eres un empresario o un atleta, un profesor o un estudiante El éxito no se consigue fácilmente: para lograrlo en cualquier campo hay que superar obstáculos y enfrentarse a los problemas. La fortaleza mental tiene que ver con la forma de reaccionar ante la adversidad, y ese es el factor más importante para definir si al final tendrás éxito o fracasarás.

La fortaleza mental es un superpoder

"Nuestra mayor debilidad reside en rendirnos. La forma más segura de tener éxito es siempre intentarlo una vez más".

- Thomas Edison

Las películas, la televisión y los cómics están llenos de superhéroes, personas que tienen poderes especiales que la mayoría de la gente no tiene. Por desgracia, no puedes aprender a convertirte en un superhéroe. Pero puedes aprender un superpoder que te dará una ventaja sobre la mayoría de la gente: la fortaleza mental.

Hay muchos nombres para este poder, como resiliencia, tenacidad, agallas, dureza, determinación o disciplina. No importa cómo se llame. De lo que estamos hablando es de un estado mental que te permite ver dónde quieres estar y superar las barreras que se interponen entre ese objetivo y tú. No va a ser fácil y llevará tiempo, pero si sigues la guía de este libro, aprenderás a cambiar tu vida.

La fuerza mental no es algo con lo que se nace. Los estudios demuestran que es algo que se puede aprender, [1] y es la diferencia más importante entre el éxito y el fracaso. La cita que encabeza esta sección procede de Thomas Edison, uno de los inventores más prolíficos y exitosos que ha visto el mundo. Los inventos de Edison fueron responsables de avances como la energía eléctrica, la grabación de sonido e incluso el cine. Sin sus inventos, el mundo sería un lugar muy diferente.

Pero Edison no era un genio que tuviera momentos de inspiración "Eureka" que dieran lugar a estas nuevas ideas. Por el contrario, trabajó metódicamente, probando muchas ideas y aceptando que la mayoría de ellas no se convertirían en inventos exitosos. En una ocasión afirmó que cada invento que tenía éxito llegaba después de probar 10.000 ideas. Edison tenía la fortaleza mental necesaria para perseverar ante la adversidad, sabiendo que si continuaba, acabaría teniendo éxito. Esa persistencia cambió el mundo e hizo a Edison

---

[1] *Adaptarse al estrés: Entendiendo la neurobiología de la resiliencia*, Carlos Osorio, *Medicina del Comportamiento*, abril de 2016, King's College, Londres.

multimillonario. Tú también puedes aprender a pensar como Thomas Edison.

Este libro trata de pasar a la acción, no sólo de pensar

La reflexión previa es la base esencial de todo lo que hacemos, y la planificación es una parte importante de la acción eficaz. Es demasiado fácil enfrascarse en el pensamiento y la planificación y no pasar a la acción. Por eso, aunque este libro explica brevemente las teorías que subyacen a la fortaleza mental, se centra en las cosas que realmente puedes hacer para cambiar tu vida.

Es un pensamiento que da miedo. Después de todo, la única forma segura de evitar el fracaso es no hacer nada. Si no lo intentas, no puedes fracasar. Pero si no lo intentas, tampoco puedes tener éxito. Este libro te dirá cómo construir la mentalidad y los hábitos que proporcionan la fortaleza mental. Eso te ayudará a conseguir lo que te propongas, pero la fortaleza mental no significa que nunca vayas a fracasar. Más bien, aprenderás a afrontar los fracasos de forma constructiva y positiva, y a utilizarlos como un avance en el camino hacia el éxito a largo plazo.

Cómo utilizar este libro

Al final de este libro, encontrarás ejercicios a los que se hace referencia en el texto. Si eres como la mayoría de las personas que leen libros de este tipo, probablemente te sentirás tentado a ignorarlos.

No lo hagas.

Estos ejercicios forman parte del proceso de creación de los hábitos y de la mentalidad que necesitas para desarrollar la fortaleza mental. La mayoría de estos ejercicios no llevan mucho tiempo y te ayudarán a aplicar la fortaleza mental en tu vida. Recuerda que este libro no sólo trata de cambiar tu forma de pensar, sino también de cambiar lo que haces. Los ejercicios son un elemento importante de este planteamiento.

¿Estás preparado para triunfar?

¿Cómo sabes si necesitas desarrollar la fortaleza mental? Pues es bastante simple. ¿Estás satisfecho con tu vida y, concretamente, con el progreso que estás haciendo hacia los objetivos vitales definidos? La fortaleza mental no es algo que sólo se utiliza en la carrera profesional. También tiene que ver con las relaciones, la crianza de los hijos y cualquier otro aspecto de tu vida. Si puedes responder honestamente "*Sí*", no necesitas este libro. De verdad. Ya tienes fortaleza mental y quizás deberías pensar en escribir tu propio libro.

Para la mayoría de nosotros, el éxito no es tan fácil de alcanzar o de definir. En este libro hablamos mucho acerca de él, pero el significado de esa palabra es algo personal. ¿Qué es el éxito para ti? Tal vez sea ganar suficiente dinero para mantener a tu familia, dirigir un negocio con éxito o criar hijos seguros de sí mismos y satisfechos.

A muchas personas les resulta difícil definir el éxito. Nos faltan objetivos claros y la audacia necesaria para tomar las decisiones que pueden cambiar nuestras vidas. Somos pasivos, evitamos el estrés y los problemas cuando es posible, y aceptamos las segundas opciones. ¡No tiene por qué ser así!

Este libro te enseñará:

- Cómo tomar el control de tu vida
- Cómo superar el miedo y afrontar el estrés de manera eficaz
- Cómo afrontar positivamente los problemas y los fracasos
- Cómo aplicar la fortaleza mental de los Royal Marines
- Cómo convertir la fortaleza mental en un hábito

Desarrollar la fortaleza mental requiere tiempo y esfuerzo. Al igual que la construcción de los músculos, la fortaleza mental requiere tiempo y repetición pero, si estás preparado para seguir esta guía paso a paso, puedes cambiar tu vida para mejor.

¿Quieres un superpoder? ¿Estás listo para empezar a construir la fortaleza mental que te permite tener éxito donde otros fracasan? ¿Quieres cambiar tu vida?

Si es así, ¡comencemos!

TU REGALO

Nos gustaría agradecerte la compra de este libro ofreciéndote un regalo. Puedes elegir entre cualquiera de nuestros otros títulos publicados.

Obtén acceso inmediato a uno de nuestros libros haciendo clic en el siguiente enlace y uniéndote a nuestra lista de correo:

https://campsite.bio/mastertoday

Copyright 2021 por MASTER.TODAY - Todos los derechos reservados.

Este documento pretende proporcionar información precisa y fiable sobre el tema y el asunto tratado. La publicación se vende en el entendimiento de que el editor no tiene ninguna obligación de prestar servicios contables, autorizados oficialmente o de otro tipo. Si se necesita asesoramiento, legal o profesional, se debe recurrir a un profesional - de una Declaración de Principios que ha sido aceptada y aprobada igualmente por un Comité de la Asociación Americana de Abogados y un Comité de Editores y Asociaciones.

En ningún caso está permitida la reproducción, duplicación o transmisión de cualquier parte de este documento, ya sea en formato electrónico o impreso. La reproducción de esta publicación está estrictamente prohibida, y no se permite el almacenamiento de este documento salvo con la autorización escrita del editor. Todos los derechos reservados.

YOU DIDNT COME THIS FAR TO ONLY COME THIS FAR

Contenido

Introducción 3

TU REGALO 8

Contenido 11

Capítulo 1: ¿Qué es la fortaleza mental y por qué es tan importante? 13

Capítulo 2: Los elementos de la fortaleza mental 25

Capítulo 3: Superar los miedos 39

Capítulo 4: La ejecución precisa de la voluntad: Aprende a pensar como un Marine Real 47

Capítulo 5: Desarrollar la fortaleza mental 58

Capítulo 6: Lista de 10 pasos para desarrollar la fortaleza mental 83

Ejercicios 94

    Ejercicio 1: Los enemigos de la fortaleza mental 95

    Ejercicio 2: Emociones negativas 96

    Ejercicio 3: Empatía 98

    Ejercicio 4: Cómo afrontar el fracaso 100

    Ejercicio 5: Ponle nombre a tu miedo 101

Ejercicio 6: ¿Qué es lo peor que puede pasar? 102

Ejercicio 7: Haz una prueba de humildad 103

Ejercicio 8: ¿Qué has aprendido hoy? 105

Ejercicio 9: Establecer objetivos personales 106

Ejercicio 10: Cosas que agradecer 108

Ejercicio 11: Autodisciplina 109

Ejercicio 12: Aburrimiento 111

Ejercicio 13: Saber cuándo renunciar 112

Ejercicio 14: Escuchar y dirigir tu crítica interior 113

Ejercicio 15: Identificar un comportamiento que se quiere cambiar 115

Conclusión: 117

TU REGALO 121

Capítulo 1: ¿Qué es la fortaleza mental y por qué es tan importante?

Existen varias definiciones de fortaleza mental. La Asociación Americana de Psicología define la resiliencia (el término que utilizan para describir la fortaleza mental) como:

"El proceso de adaptación ante la adversidad, el trauma, la tragedia, las amenazas o las fuentes significativas de estrés. [2]*"*

Journal of Applied Sport Psychology define la fortaleza mental como:

"Tener la ventaja psicológica, natural o desarrollada, que te permite, en general, desenvolverte mejor que tus oponentes. [3]*"*

El respetado psicólogo clínico Dr. Jonathan Fader, habla de la fortaleza mental de la siguiente manera:

"Ser capaz de superar los fracasos siendo positivo y competitivo[4]*".*

---

[2] *Building your resilience*, múltiples colaboradores, sitio web de la American Psychological Association, 2012.

[3] *¿Qué es esta cosa llamada fortaleza mental?*, Jones, Hanton y Connaughton, Journal of Applied Sport Psychology, 2002

[4] *¿Qué es la fortaleza mental?*, Dr. Jonathan Fader, sitio web de *Psicología del Deporte*.

El tema principal de estas definiciones está claro. La fortaleza mental no significa que puedas evitar el estrés o la adversidad, o que tengas que convertirte en un autómata sin emociones. Por el contrario, define la forma en que respondes a los problemas en tu vida. ¿Perseveras o te rindes? Aprender a seguir adelante ante la adversidad es el elemento principal de la fortaleza mental, y la principal diferencia entre alguien que tiene éxito y alguien que fracasa. Ambos tipos de personas se enfrentan a la adversidad y a los contratiempos, pero la persona que tiene fortaleza mental se levantará y seguirá adelante hasta alcanzar su objetivo.

A menudo atribuimos el éxito a toda una serie de capacidades. Suponemos que la gente tiene éxito en su carrera porque es más inteligente, más afortunada o porque trabaja más. Suponemos que alguien es un buen padre porque es más empático que otras personas. Suponemos que alguien se convierte en una estrella del deporte porque tiene una habilidad física innata que le permite destacar en esa actividad concreta. Por supuesto, la inteligencia y la capacidad natural son importantes, pero uno de los aspectos más significativos (y a menudo más ignorado) del éxito es la fortaleza mental. Algunos estudios indican que la inteligencia sólo representa el 25-30% del éxito. El factor que más contribuye al éxito es la fortaleza mental.

Es algo positivo porque, aunque no se puede discutir la herencia genética, sí se puede desarrollar la fortaleza mental. Pero su aprendizaje en realidad es bastante complicado. Implica aprender a manejar emociones como la ira, la decepción y la frustración de forma constructiva.

Significa aprender a centrarnos en las cosas que queremos conseguir, sin dejarnos controlar por nuestros miedos. Significa pensar honestamente en cosas como:

- ¿Afrontas bien el estrés y la presión?
- ¿Tienes confianza en ti mismo?
- ¿Trabajas con objetivos claros y definidos?
- ¿Te impiden el miedo y la ansiedad conseguir lo que quieres?
- ¿Te enfadas cuando fracasas?

En realidad, pocos de nosotros podemos dar respuestas positivas a todas estas preguntas, y es tentador pensar que la verdadera fortaleza mental sólo la poseen las personas extraordinarias, como los empresarios de mayor éxito y los deportistas de élite. La realidad es que seguramente ya conocemos a personas corrientes que son mentalmente fuertes.

Piensa en alguien que conozcas que sea bueno en los deportes. Sea cual sea el deporte, la habilidad implica tanto el desarrollo físico como el mental. Es necesario estar en forma, tener agilidad y practicar para ser bueno en cualquier deporte, pero también hay que tener fortaleza mental. Sin eso, no importa lo competente que seas físicamente, no tendrás un éxito estable.

¿Conoces a alguien que tenga mucho éxito en su carrera? Probablemente trabaje duro, pero mucha gente lo hace sin tener éxito. ¿Cuál es la diferencia? Casi con toda seguridad, la fortaleza mental para trabajar con objetivos claros y afrontar positivamente las adversidades y los contratiempos. Ninguna carrera, ya sea como empleado o como empresario, se desarrolla sin problemas. Es la forma de responder a esos problemas lo que definirá si al final tendrás éxito o fracasarás.

¿Tal vez conoces a alguien que es un gran padre? Criar a los hijos implica enfrentarse con eficacia a la incertidumbre y a los problemas. Las personas que triunfan principalmente son las que trabajan con esos problemas sin perder la concentración ni la creencia en su objetivo final.

Piensa en un agente de policía, un médico o un bombero. Todas estas personas se enfrentan a situaciones de gran tensión, a veces con vidas en juego. Para tener éxito, todas estas personas deben tener fortaleza mental.

La fortaleza mental no es algo inalcanzable o que sólo esté al alcance de una élite. Es un planteamiento que puede ser aprendido por cualquiera y aplicado a todos los aspectos de la vida. Además, aporta claros beneficios.

Los beneficios de desarrollar la fortaleza mental

Veamos algunos de los beneficios más importantes del desarrollo de la fortaleza mental.

> **Superar el miedo.** El miedo es uno de los inhibidores más importantes del comportamiento humano. Ese miedo puede ser sensato porque puede ayudarnos a evitar hacer ciertas cosas que pueden perjudicarnos. El miedo al fracaso, el miedo a lo desconocido, el miedo a parecer tonto y el miedo a intentar algo nuevo nos alejan del éxito. Evitamos el miedo consolándonos en lo familiar y en lo conocido. Lo peor de todo es que a

menudo no reconocemos que el miedo está relacionado, diciéndonos a nosotros mismos que estamos siendo prudentes o cuidadosos cuando en realidad, estamos permitiendo que nuestros miedos nos retengan. La fortaleza mental nos ayuda a reconocer cuándo el miedo nos está frenando, y nos da nuevas formas para superarlo.

Proporcionar objetivos claros. Superar los problemas nunca es fácil, pero es mucho más probable que tengamos éxito si vemos estos problemas dentro del contexto general de un objetivo más amplio. Diversos estudios han demostrado que las personas con más éxito tienen objetivos claros por los que trabajan. Estos objetivos pueden ir desde alcanzar un determinado nivel en el deporte hasta crear un negocio de éxito. Nos centran en el destino, por lo que es menos probable que abandonemos el viaje. La fortaleza mental te ayuda a identificar y establecer objetivos que te mantienen motivado cuando te enfrentas a los problemas.

Retrasar la gratificación. La capacidad de retrasar la gratificación está estrechamente relacionada con los objetivos a largo plazo. Como humanos, queremos recompensas inmediatas. Sin embargo, buscar recompensas instantáneas puede hacer que queramos renunciar a algo por no brindarnos algo positivo rápidamente. Esto es inútil, porque alcanzar el éxito a largo plazo normalmente significa trabajar duro y esforzarse con pocas perspectivas de recompensas inmediatas. Si tenemos unos objetivos claros, podemos aprender a retrasar ese impulso y trabajar por la gratificación futura.

Lidiar con las emociones. Es natural sentir decepción, frustración e incluso ira cuando te enfrentas a problemas. Sin embargo, si diriges esas emociones a otras personas, culpándolas de tus fallos, nunca podrás avanzar. La fortaleza mental te ayuda a entender de dónde proceden tus emociones y a dirigir tus energías hacia la superación de los problemas, sin dejarte llevar por la culpa o el reproche.

Aprender a dejarse llevar. Has intentado algo nuevo. Fallaste. Esa experiencia te ha dolido. ¿Cómo lo afrontas? Si te comprometes a no volver a ponerte en esa situación, nunca avanzarás. En cambio, debes aprender a aceptar las emociones negativas, seguir adelante y soltarlas. Debes aprender del pasado, pero no debes permitir que las emociones pasadas definan tu forma de actuar en el presente. La fortaleza mental te da las técnicas que necesitas para dejarte llevar y seguir adelante.

Lidiar con la inseguridad. Todo el mundo sufre de inseguridad. Todo el mundo, incluso los que parecen tener el control y la confianza en sí mismos. No obstante, cuestionar lo que haces es saludable, siempre que te permita aprender y crecer. La inseguridad no es saludable cuando se convierte en un miedo que te impide intentar conseguir lo que quieres. La fortaleza mental te permite mirar lo que estás haciendo de forma objetiva y abierta mientras rechazas el miedo.

Afrontar el fracaso. Vas a fracasar. Es una parte inevitable del crecimiento y el cambio. Nadie es perfecto y todo el mundo comete errores. Sin embargo, la fortaleza mental te permite ver el fracaso como parte de un proceso de aprendizaje que te llevará al éxito final (¡recuerda a Thomas Edison!). No hay que tener miedo al fracaso, pero hay que saber reconocer cuándo es el momento de parar y emplear el tiempo y la energía de forma más productiva.

Lidiar con el estrés. Conseguir cualquier cosa que merezca la pena implica estrés, tanto si se trata de ser un buen padre como de inventar un nuevo producto. El estrés puede ser perjudicial si te impide alcanzar el éxito, pero también puede ser motivador si lo ves como un progreso hacia objetivos importantes. La fortaleza mental te ayuda a mantenerte optimista bajo el estrés y a afrontarlo de forma positiva.

Ganar confianza en uno mismo. Cuando aprendes a superar tus miedos y a enfrentarte a los problemas de los objetivos a largo plazo, es mucho más probable que tengas la confianza necesaria para seguir adelante en lugar de rendirte. La fortaleza mental te ayuda a mejorar la confianza en ti mismo.

Aumentar el rendimiento. ¿Has intentado alguna vez algo nuevo, tal vez un nuevo deporte o actividad física, y luego lo has dejado? La mayoría de nosotros lo hemos hecho, pero ¿quién sabe? Quizá si hubiéramos seguido adelante, ahora seríamos campeones. La fortaleza mental te ayuda a rendir más en todo lo que haces, a seguir adelante cuando las cosas se ponen difíciles.

Consejos de personas con éxito acerca de la fortaleza mental

Es un axioma que las personas con éxito son mentalmente fuertes. No tendrían éxito si no lo fueran. ¿Qué podemos aprender de ellos? He aquí algunos consejos de personas que han triunfado en sus respectivos campos.

Olvídate de la suerte.

"No creemos en la suerte, la suerte es la preparación esperando una oportunidad".

- Ross Braun, Director Técnico de la Fórmula 1

Cuando vemos a alguien que ha tenido éxito, es fácil pensar que ha tenido suerte. Podemos tener la tentación de esperar que la suerte nos haga triunfar. La verdad es que el éxito de la noche a la mañana es casi siempre una ilusión, y esperar a la suerte no tiene nada que ver con el éxito. Un producto nuevo que llega aparentemente de la nada ha pasado casi seguro por un largo proceso de desarrollo y mejora que nunca vemos. Un atleta que alcanza la fama de repente probablemente ha pasado años entrenando y preparándose. Un negocio de éxito se basa en años de preparación y, muy posiblemente, en algún que otro fracaso por el camino.

A eso se refiere realmente la cita de Ross Braun. No conseguirás nada sin preparación. La fortaleza mental te permite continuar con esa preparación incluso cuando no te aporta recompensas inmediatas. Pero, cuando se presente la oportunidad, estarás preparado. Otros pueden considerarlo suerte, pero tú lo sabrás mejor.

Concéntrate en lo que puedes controlar

"Se producen grandes cambios en tu vida cuando decides tomar el control sobre lo que sí tienes poder, en lugar de anhelar el control sobre lo que no lo tienes".

Steve Maraboli, autor y científico del comportamiento

El tiempo y la energía son limitados, por lo que merece la pena concentrarse en las cosas que se pueden controlar y dejar de lado las que no se pueden cambiar. Nos bombardean constantemente con información y es fácil distraerse con cosas sobre las que no tenemos control. Sin embargo, eso no es un uso productivo de tu tiempo. Quejarse de algo no significa actuar.

Las personas con más éxito centran su tiempo en las cosas que pueden cambiar. Hacen una clara distinción entre lo que pueden cambiar y lo que no. Tú debes aprender a hacer lo mismo y esforzarte sólo por aquellas cosas en las que puedes influir.

Comprométete pero sé flexible

"La medida de la inteligencia es la capacidad de cambiar".

- Albert Einstein

La vida tiene la costumbre de lanzarnos lo inesperado. No importa el cuidado con el que planifiques algo o te anticipes, seguramente aparecerá algo en lo que no habías pensado. La forma de responder a lo inesperado es una parte importante de la fortaleza mental.

Algunas personas parecen paralizarse ante el cambio. Las personas que tienen un éxito constante son flexibles a la hora de responder a los imprevistos. Debes aprender a ser flexible. Eso incluye aceptar que, por muy cuidadosa que sea la planificación, el mundo es un lugar complejo que puede generar acontecimientos inesperados.

Conócete a ti mismo

"No te confundas entre lo que la gente dice que eres y lo que sabes que eres".

- Oprah Winfrey

La fortaleza mental requiere una comprensión profunda y verdadera de quién eres realmente y por qué haces lo que haces. Esta comprensión implica admitir y aprovechar tus puntos fuertes y reconocer y reducir el impacto de tus puntos débiles.

La mayoría de nosotros pensamos que nos conocemos a nosotros mismos, pero eso suele ser así sólo hasta cierto punto. Puede que reconozcamos las situaciones que desencadenan determinadas emociones o el motivo por el que queremos recibir una determinada gratificación, pero las personas que tienen un éxito más constante comprenden claramente lo que les motiva. Tienen objetivos personales en la vida que les importan. Comprenderse a sí mismo en profundidad no siempre es cómodo porque puede significar reconocer miedos y debilidades ocultas, pero es un elemento esencial de la fortaleza mental.

Aprender a gestionar de manera constructiva la decepción

"Si estamos tranquilos y preparados, encontraremos compensación en cada decepción".

- Henry David Thoreau

Nadie tiene éxito en todo lo que hace, y el fracaso es siempre una decepción. La fortaleza mental significa que respondes a la decepción de una manera diferente. Si has trabajado duro para conseguir algo y no lo has logrado, no te sentirás bien por ello. Sin embargo, no debes permitir que esta decepción te impida volver a intentarlo.

Las personas con éxito sienten la decepción del fracaso con la misma intensidad, pero utilizan esta emoción como una oportunidad para analizar y aprender lo que salió mal y, en particular, lo que pueden hacer para evitar el mismo fracaso en el futuro. Desarrollar la fortaleza mental no significa que vayas a evitar por completo la decepción, sino que tratas este sentimiento como una oportunidad para aprender y seguir adelante.

Lograr una verdadera fortaleza mental significa encontrar un equilibrio entre el optimismo y el realismo. Tienes que encontrar ese optimismo que te impulse a intentar cosas nuevas, pero esta visión positiva debe estar atemperada con la aceptación de que no todo lo que hagas va a funcionar a la perfección. Si eres demasiado optimista, puedes no anticiparte a los posibles problemas, y eso te deja expuesto a una decepción cada vez más aguda cuando se producen. Pero no debes permitir que el miedo a la decepción te impida intentarlo.

Acepta la incertidumbre

"El futuro es incierto... pero esta incertidumbre está en el corazón de la creatividad humana".

- Ilya Prigogine, químico y premio Nobel

El futuro traerá sin duda sorpresas, algunas bienvenidas, otras no tanto. Esto es un problema porque nuestros planes y aspiraciones se basan en la predicción del futuro pero, si éste es realmente incierto, nuestros planes pueden verse obligados a cambiar. Muchas personas reaccionan ante esta incertidumbre dejando de hacer planes a largo plazo o abandonándolos cuando las circunstancias cambian.

Las personas mentalmente fuertes ven la incertidumbre como una oportunidad. Hacen planes, pero reconocen que estos planes pueden cambiar, y dan la bienvenida a ese desafío. Todo el mundo se enfrenta a la incertidumbre. Aquellos que aprenden a aceptarla y son lo suficientemente flexibles como para cambiar en función de las necesidades siempre rendirán más.

Capítulo 2: Los elementos de la fortaleza mental

Los enemigos de la fortaleza mental

Antes de empezar a hablar de los elementos de la fortaleza mental, primero tenemos que hablar de sus enemigos. Se trata de modos de pensar que socavan la fortaleza mental. Si sufres estos modos de pensar, debes reconocerlos y tomar medidas para reducir su impacto.

¡No es justo!

La autocompasión es la antítesis de la fortaleza mental. Sentir lástima por uno mismo porque algo no ha funcionado no sirve de nada. Esta autocompasión nos lleva a adoptar una forma de pensar que sugiere que los problemas no son culpa nuestra, que somos débiles ante las circunstancias.

¡Para!

Tú tienes el control de tu vida. Tú tomas las decisiones que te llevan hacia tus objetivos. Si las cosas no funcionan, no tiene sentido autocompadecerse. Por supuesto, te sentirás decepcionado y quizás incluso frustrado. Puedes revolcarte en la sensación de que el mundo está en tu contra, que has hecho todo lo posible, pero que las cosas han conspirado contra ti. El corolario tácito es que no tiene sentido volver a intentarlo, por lo que el fracaso se convierte en una excusa para la inacción. En lugar de eso, supera el fracaso, aprende de él y evita volver a cometer los mismos errores.

Pero no soy lo suficientemente bueno...

La inseguridad es una emoción humana y todo el mundo, incluso los que parecen completamente seguros de sí mismos, la sufren. En realidad, esta inseguridad puede ser útil porque te hace cuestionar lo que estás haciendo y pensar si puede haber otras formas mejores. La arrogancia no es lo mismo que la fortaleza mental. Sin embargo, si permites que la inseguridad te domine, puede socavar todo lo que te propongas.

La inseguridad suele estar alimentada por esa voz dentro de nuestra cabeza, la que nos dice que no somos lo suficientemente inteligentes, atractivos o trabajadores. Todo el mundo tiene este crítico interno que nos hace comentarios sobre lo que hacemos, lo queramos o no. Lo que mucha gente no entiende es que esta voz interior puede ser entrenada para que se convierta en positiva y favorable. En lugar de decirte que nunca tendrás éxito, tu voz interior celebrará el éxito y aumentará la confianza en ti mismo. Conseguir una voz interior positiva es un elemento vital para construir la fortaleza mental.

No me pueden molestar

La pereza es otro aspecto de nuestra personalidad que nos impide tener éxito. Pero la verdad es que cuanto menos hacemos, menos queremos hacer. Por supuesto, eso no significa que no haya que tomarse tiempo para relajarse y refrescarse. Se trata de reconocer cuándo estamos evitando algo porque nos parece demasiado esfuerzo y de tomar medidas para asegurarnos de que nuestra energía sigue siendo alta.

La autodisciplina es un elemento importante para superar nuestra tendencia natural a querer evitar el trabajo duro y el estrés. Trabajar con objetivos a largo plazo nos ayuda a mantenernos centrados y a evitar la pereza.

Quiero que esto sea perfecto...

Tal vez pienses que el perfeccionismo forma parte de la fortaleza mental, pero en realidad no es así. Intentar hacer algo lo mejor posible es positivo, pero creer que sólo vale la pena hacer las cosas si se puede alcanzar un estado de perfección imaginado (y probablemente inalcanzable) no lo es. Hay muy poca distancia entre intentar alcanzar la perfección y decidir que realmente no vale la pena molestarse porque no lo conseguirás. Las personas mentalmente fuertes siempre se esfuerzan por superar sus propias expectativas, pero no se obsesionan por alcanzar una perfección poco realista.

Tengo miedo...

El miedo es el mayor inhibidor de la fortaleza mental. De hecho, es tan importante que este tema merece un capítulo aparte. Por el momento, basta con ser consciente de que el miedo es normal e incluso útil, pero si no se controla, puede impedirte alcanzar tus objetivos

Estoy enfadado

Sentir emociones es natural y sano. Hay emociones positivas y negativas. La alegría, la esperanza y el amor son positivas. La ira, la frustración y los celos son negativas. Las emociones positivas nos hacen sentir optimistas, fuertes y seguros. Las emociones negativas nos hacen sentir inseguros, inestables y llenos de dudas. Parte del desarrollo de la fortaleza mental consiste en aprender a reconocer las emociones negativas, ver claramente de dónde vienen y asegurarse de no permitir que estos sentimientos dominen nuestro pensamiento.

Muchas personas se encuentran atrapadas en la inseguridad y la incertidumbre. La fortaleza mental es un antídoto para ambas cosas y en este libro te exponemos varias técnicas para que aprendas a desarrollar el pensamiento positivo.

No puedo hacer esto porque...

Las creencias autolimitantes son cosas que creemos sobre nosotros mismos y que limitan lo que hacemos. A veces, pueden ser sensatas, prácticas y pueden evitar un esfuerzo inútil. Por ejemplo, tal vez quieras convertirte en jugador profesional de baloncesto, pero si no eres muy alto, probablemente no lo consigas por mucho que te esfuerces. Tu deseo de convertirte en piloto de caza es loable, pero probablemente no te llevará al Ejército del Aire si eres daltónico.

Muchas creencias autolimitantes son perjudiciales e inexactas. "Soy demasiado mayor para una nueva carrera", por ejemplo, "no puedo encontrar una pareja porque soy poco atractivo" o "no soy lo suficientemente inteligente para aprender un nuevo idioma". Las creencias autolimitantes se convierten en un problema cuando se basan en percepciones de nuestras propias debilidades, que a menudo se exageran o enfatizan. Todos tenemos habilidades y atributos positivos, y debemos ser capaces de equilibrar el reconocimiento de nuestras debilidades con la comprensión de nuestras fortalezas. Para llegar a ser mentalmente fuertes, debemos aprender a reconocer estas creencias autolimitantes como erróneas y a ignorarlas.

<u>Ejercicio 1</u>

Los siete modos de pensamiento descritos anteriormente inhiben el crecimiento personal y son un obstáculo para cualquiera que desee mejorar su vida a través del desarrollo de la fortaleza mental. Todos nosotros sufrimos al menos uno de ellos. Antes de comenzar tu ruta de mejora, tómate cinco minutos para ir a la sección de ejercicios al final de este libro, y haz el primer ejercicio para conocer cuáles te afectan. Sólo te llevará un momento, pero es importante que completes este ejercicio antes de seguir leyendo.

Los elementos de la fortaleza mental

Ahora que reconoces los estados de ánimo que socavan la fortaleza mental, es hora de pensar en lo que constituye ser mentalmente fuerte. Hay cuatro partes para ello:

- Dominar las emociones
- Cómo afrontar el fracaso
- Responder a la adversidad
- Aprender a retrasar la gratificación

Cada elemento es importante, y todos están relacionados. Veámoslos uno por uno.

1: Dominar las emociones

Sentir emociones nos hace humanos. Un error común es pensar que ser mentalmente fuerte significa eliminar las emociones. No es así, eso sería imposible. En cambio, debemos aprender a desarrollar la inteligencia emocional (a veces llamada cociente emocional o EQ). La Inteligencia Emocional nos permite no sólo ser más conscientes de nuestras emociones, sino también ser capaces de ver de dónde vienen y evitar que las emociones gobiernen nuestro comportamiento. Esta comprensión nos ayuda a evitar tomar decisiones basadas en el miedo, la ansiedad, los celos o cualquier otra emoción que sintamos. Esto significa tomar mejores decisiones, pero el desarrollo de la Inteligencia Emocional también nos permite comprender mejor las emociones de los demás, algo que es esencial si queremos tener relaciones personales y laborales eficaces.

A menudo asumimos que la inteligencia (cociente intelectual o CI) es el atributo más importante para decidir si tenemos éxito o fracaso. Sin embargo, la mayoría de los estudios concluyen que la Inteligencia Emocional es en realidad un mejor indicador del éxito que el CI. El CI conduce a la brillantez académica, pero la Inteligencia Emocional te prepara para tratar con la gente. Si no puedes entablar relaciones eficaces, por muy brillante que seas, es poco probable que tengas éxito. En un estudio del Center for Creative Leadership sobre las causas de los fracasos profesionales, hasta el 75% se debieron a algún tipo de problema a la hora de trabajar con otras personas, normalmente por no entender bien lo que los demás quieren o necesitan en una relación laboral.

Hay cuatro elementos principales en la Inteligencia Emocional:

Autoconciencia. Debes ser capaz de reconocer tus propias emociones y entender de dónde vienen. ¿Estás enfadado porque no has conseguido ese ascenso o sientes celos hacia el compañero que sí lo ha conseguido? Cuando ves claramente de dónde vienen las emociones negativas, es mucho más fácil disminuir su impacto. Desarrollar una fuerte Inteligencia Emocional significa reconectar con tus emociones y sentirte cómodo con ellas. Es mucho más fácil mantenerse motivado y ser disciplinado cuando tu comportamiento no está siendo dictado por una conducta incontrolada.

Ejercicio 2: Evalúa tus emociones y tu conciencia

Empatía. La palabra empatía se utiliza a menudo como sinónimo de "amabilidad" o "simpatía", pero eso no es lo que significa en absoluto. Ser empático significa ser capaz de entender los sentimientos de los demás, de ponerse en su lugar. Significa ser capaz de entender lo que otras personas sienten y tener una idea de por qué se sienten así. ¿Por qué es importante? En primer lugar, nos permite entender mejor el comportamiento de la gente. Si tu jefe está enfadado, puedes suponer que es debido a tu rendimiento. Si sabes que tu jefe está pasando por problemas personales, puedes tratar su enfado de forma muy diferente y responder adecuadamente. Sin empatía, te va a resultar mucho más difícil entender las relaciones personales y laborales.

Ejercicio 3: Empatía

Autogestión. Dominar las emociones no consiste en sofocar o ignorar lo que sentimos. Desvincularnos de nuestros sentimientos o fingir que no existen no sirve de nada. Eso no nos hace fuertes mentalmente, sino que nos hace más propensos a la depresión y a la indecisión. En lugar de eso, debes aprender a gestionar tus emociones reconociéndolas, comprendiendo de dónde vienen y aprendiendo a limitar su efecto en tu comportamiento. Actuar mientras estás enfadado, asustado o ansioso no suele ser beneficioso. Aprende a evaluar tus propias emociones (y las de los demás) antes de tomar decisiones importantes.

Gestionar las relaciones. Ya sea en nuestra vida personal o en el trabajo, aprender a gestionar eficazmente las relaciones es una parte esencial de la Inteligencia Emocional. Construir relaciones eficaces y satisfactorias requiere tanto empatía como autoconciencia. Implica escuchar a otras personas (y eso significa tanto oír lo que dicen como ser conscientes de la comunicación no verbal). Significa ser consciente del efecto que tiene tu comunicación verbal y no verbal en los demás. No hay dos personas que tengan exactamente las mismas necesidades, ambiciones y aspiraciones, por lo que es inevitable algún tipo de conflicto. Sin embargo, si se gestionan las relaciones con eficacia, el conflicto puede dejar de ser una fuente de problemas y convertirse en una manera de aumentar la confianza.

2: Cómo afrontar el fracaso

Vas a fracasar. <u>Nadie, por muy talentoso y trabajador que sea,</u> pasa por su vida sin experimentar el fracaso. Cuanto más dispuesto estés a correr riesgos y a abrirte a nuevas experiencias, más probabilidades tendrás de fracasar. Pero no puedes tener éxito si no estás dispuesto a correr riesgos. La única forma de no fracasar es no tratar de tener éxito.

Aceptar esto es un gran paso para aprender a lidiar con el fracaso. Si tu planteamiento es que vas a evitar el fracaso por completo, la única manera de hacerlo es no hacer nada. Si tu planteamiento es que vas a hacer todo lo posible para tener éxito, pero reconoces que no siempre va a ser así, estarás tomando una actitud mucho más sana que contribuye a la fortaleza mental.

Los fracasos nunca son divertidos, pero no importa. Aunque te sentirás mal cuando fracases, un estudio de 2017 publicado en el *Journal of Behavioral Decision-Making* señala que sentirse mal por el fracaso puede motivarte si no te centras en el hecho en sí, sino en las emociones que te provoca. Decirte a ti mismo que no te importa cuando fracasas probablemente no sea cierto, y no es una buena forma de afrontar la situación. Recurrir al alcohol, las drogas o la comida para amortiguar tus sentimientos de fracaso o intentar buscar a otra persona o circunstancia a la que culpar tampoco son respuestas eficaces. Debes aprender a sacar algo positivo: el aprendizaje. Lo bueno del fracaso es que te enseña a evitar el mismo problema en el futuro de la forma más gráfica. ¿A cuántas personas conoces que repiten el mismo comportamiento una y otra vez a pesar de que les ha llevado al fracaso todas las veces? Tal vez se trate de un intento de perder peso, adoptar un estilo de vida saludable o cambiar la forma en que abordan las relaciones. Sin embargo, están seguros de que el nuevo planteamiento está condenado al fracaso de la misma manera que los intentos anteriores.

Dicen que la definición de locura es hacer lo mismo una y otra vez, esperando resultados diferentes. Fracasar una y otra vez por las mismas razones es lo mismo. La fortaleza mental significa aprender a afrontar el fracaso de forma constructiva. Aprender a aceptar la falta de éxito ocasional como resultado inevitable de ser lo suficientemente audaz como para intentar algo diferente. Asume la responsabilidad, pero no te lo tomes como algo personal. La falta de éxito no significa que seas un fracasado. Nunca vas a amar la frustración, pero si puedes verla como una valiosa oportunidad de aprendizaje y como un paso más en el camino hacia el éxito, entonces estarás dirigiéndote hacia la fortaleza mental.

El fracaso no es una especie de resultado de examen global que decide si tienes éxito o no. Es sólo la forma que tiene la vida de proporcionarte un feedback constructivo sobre lo que tienes que cambiar. Acepta ese feedback, aprende de él y sigue adelante.

<u>Ejercicio 4: Cómo afrontar el fracaso</u>

3: Responder a la adversidad

A veces, la vida es fácil. No hay grandes problemas y se consigue lo que se quiere con poco esfuerzo. Sin embargo, muy a menudo, la vida no es así en absoluto. Te pasas todo el tiempo luchando contra problemas y obstáculos y a veces parece que apenas avanzas. Eso es la adversidad, y la forma en que respondes a ella es un elemento importante para tener éxito o fracasar.

He aquí cuatro técnicas probadas para hacer frente a la adversidad:

> **Prepárate.** Hace casi doscientos años, el Primer Ministro británico Benjamin Disraeli dijo: *"Estoy preparado para lo peor, pero espero lo mejor"*. Ese planteamiento es tan valioso ahora como lo era entonces. El optimismo es un elemento importante de la fortaleza mental. Sin embargo, si puedes anticiparte a los problemas y planificar cómo responder, es más probable que seas capaz de actuar con determinación y eficacia.
>
> **Recuerda lo que has conseguido.** Ya te has enfrentado a la adversidad antes en tu vida y has tenido éxito. Ese conocimiento te da la fuerza y el planteamiento para afrontar nuevos problemas, y lo que aprendiste de la adversidad pasada puede aplicarse de nuevo. Al igual que el fracaso, la adversidad es una forma de aprender y crecer. Míralo así y te resultará más fácil afrontarlo.
>
> **La adversidad puede brindar una oportunidad.** Las situaciones difíciles pueden brindar la oportunidad de cambiar de dirección o de énfasis. En *Piensa y hazte rico*, el autor Napoleón Hill señala que "*toda adversidad tiene la semilla de un beneficio equivalente o mayor*". Piensa en la

pandemia de COVID 19. Ese acontecimiento ha causado problemas masivos e imprevistos a empresas e individuos de todo el mundo. Sin embargo, algunas lograron un éxito notable al aprovechar la oportunidad de cambiar su enfoque para satisfacer mejor las necesidades de un mundo en crisis.

Toma el control. Suceden imprevistos que no puedes controlar. Lo que sí puedes controlar es la forma en que respondes. Cuando sucede algo inesperado, por supuesto que querrás tomarte el tiempo para reflexionar, pero en última instancia tu objetivo debe ser pasar a la acción. No se puede cambiar nada simplemente pensando o planificando. Sólo la acción conduce al cambio, y si quieres hacer frente a la adversidad, debes estar preparado para actuar.

Al igual que cuando se trata de lidiar con el fracaso, una parte importante de estar preparado para la adversidad es reconocer que probablemente te encontrarás con ella de una forma u otra. Así, no te pillará por sorpresa y podrás reaccionar con mayor eficacia.

4: Aprender a retrasar la gratificación

Muchos estudios confirman que es más probable que tengamos éxito si practicamos el autocontrol y, sobre todo, si podemos aprender a retrasar la gratificación. ¿Qué significa esto? Significa rechazar la oportunidad de hacer algo que nos gusta ahora mismo para conseguir algo más importante en el futuro. Puede que te guste ir a tomar una copa después del trabajo con los amigos, aunque podrías utilizar ese tiempo para trabajar en la novela de la que no paras de hablar. Tomas la decisión consciente de rechazar hacer algo que te proporcionará un placer inmediato (ir a tomar una copa) y, en cambio, te centras en algo que te reportará un mayor beneficio más adelante (tener una novela publicada).

Observarás que retrasar la gratificación implica una decisión consciente por tu parte. Tú tienes el control de si optas por el menor placer ahora o por el mayor beneficio más adelante. Sin embargo, cabe destacar que la capacidad de retrasar la gratificación es una parte importante de la fortaleza mental y una característica de las personas más exitosas. En parte, retrasar la gratificación consiste en aprender a controlar los impulsos. Estás a dieta, tienes hambre y pasas por delante de una pastelería con deliciosos pasteles en el escaparate. Tu impulso es entrar corriendo y comprar uno. Retrasar la gratificación significa que no lo haces porque quieres que tu dieta tenga éxito.

La buena noticia es que, al igual que cualquier otra parte del proceso de convertirse en mentalmente fuerte, puedes aprender a retrasar la gratificación. Cada vez que cedes a un impulso, estás reforzando en tu cerebro nociones que asocian el placer con el mínimo esfuerzo. Esa asociación se convierte en un hábito, y no es útil. Por el contrario, cuando nos esforzamos por no ceder a los impulsos, estamos aprendiendo a retrasar la gratificación y a establecer una asociación entre autocontrol, disciplina y recompensa. Si puedes aprender a retrasar la gratificación, estarás compartiendo un estado mental con las personas más exitosas.

Aprender a pensar así no es fácil. Todos los días nos bombardean con mensajes diseñados para persuadirnos de que cedamos a los impulsos. Debemos aprender a rechazarlos en favor de seguir nuestros objetivos a largo plazo.

Capítulo 3: Superar los miedos

El miedo es útil. Nos impide hacer cosas que pueden perjudicarnos, nos asegura que permanezcamos alerta e incluso puede impulsarnos a actuar. Sin embargo, el miedo también puede ser un obstáculo para la acción si permitimos que domine nuestro pensamiento y buscamos sólo lo que nos parece la opción menos arriesgada, en lugar de sopesar lógicamente las alternativas. El miedo puede inmiscuirse en todos los aspectos de nuestra vida, desde nuestra carrera hasta nuestras relaciones.

Parte de la gestión del miedo es aprender a reconocerlo. Sentir miedo es algo que afecta a todo el mundo, pero en realidad es más difícil de identificar de lo que se piensa. Si nos encontramos con un animal peligroso en la naturaleza o nos encontramos en una posición precaria a gran altura, el miedo que sentimos es inmediato e inconfundible. Sin embargo, ese tipo de miedo simple es (¡afortunadamente!) poco frecuente en nuestra vida laboral y en nuestras relaciones. En cambio, sufrimos miedos complejos que pueden ser más difíciles de definir y explicar.

Para desarrollar la fortaleza mental, debes aprender a reconocer y superar el miedo. Por suerte, hay una serie de técnicas probadas que puedes utilizar para ello.

Nombra ese miedo

Una de las mejores técnicas para afrontar el miedo se llama "*nombra a tu miedo*". Al igual que casi todo lo que afecta a nuestro comportamiento, entender realmente a qué se debe un miedo concreto es una buena forma de disminuir su efecto subconsciente. En realidad, esto es más complicado de lo que parece cuando se trata de miedos complejos. Por ejemplo, puedes decir que tienes miedo de probar algo nuevo en el trabajo porque si no funciona, podrías perder tu empleo. Ese miedo puede parecer simple y sencillo, pero hay más cosas en el miedo de las que crees.

El miedo a perder el trabajo es un miedo grande y mal definido, pero está respaldado por muchos otros miedos más específicos. "Si pierdo mi trabajo, tengo miedo de no poder mantener a mi familia". "Si pierdo mi trabajo, tengo miedo de perder el respeto de mi pareja". "Si pruebo algo nuevo y fracasa, tengo miedo de parecer estúpido ante mis compañeros". Estos son sólo ejemplos, pero cuando se profundiza en cualquier miedo complejo, suele estar respaldado por un montón de preocupaciones más específicas. Ponerle nombre a tu miedo significa pensar en estos temas hasta que entiendas qué es lo que realmente te frena.

Si hay algo que sigues posponiendo, o una tarea o iniciativa que no puedes empezar, es muy posible que el miedo esté involucrado.

Ejercicio 5: Ponle nombre a tu miedo

¿Qué es lo peor que puede pasar?

La gente lleva mucho tiempo pensando en cómo afrontar el miedo. Séneca el Joven fue un filósofo y estadista romano y hace unos 2.000 años fundó una nueva escuela de pensamiento, el estoicismo. Esta filosofía se basaba en la premisa de que superar las emociones, incluido el miedo, era un requisito esencial para vivir una vida eficaz y satisfactoria.

Séneca fue el primero en introducir un ejercicio destinado específicamente a reducir el miedo "*premeditatio malorum*" (la premeditación del mal). En términos sencillos, este enfoque consiste en visualizar, con gran detalle, los peores escenarios para cualquier curso de acción planificado. En el mundo empresarial moderno, el enfoque de Séneca se ha reinventado como "pre-mortem", y es una estrategia de gestión reconocida y eficaz que se utiliza al planificar nuevas empresas.

Varias grandes empresas utilizan habitualmente la técnica pre-mortem. La NASA, por ejemplo, utiliza talleres pre-mortem para identificar los problemas potenciales que pueden estar asociados a un nuevo proyecto. Imaginar lo peor que puede ocurrir es en realidad una poderosa herramienta de planificación. A veces se denomina "*retrospectiva*", lo que significa que si se puede imaginar con detalle lo peor que puede ocurrir, también se puede pensar en lo que puede haber llevado a esa situación. Entonces puedes hacer planes para asegurarte de que no ocurra.

Sin embargo, el pre-mortem es también una gran manera de reducir los temores. Los peores escenarios son una de las principales causas del miedo. Si te enfrentas a ellos y piensas realmente en ellos con detalle, disminuirán esos temores. Los individuos también pueden utilizar la técnica pre-mortem.

Ejercicio 6: ¿Qué es lo peor que puede pasar?

Vivir para hoy

Pensar en lo peor que puede ocurrir en el futuro puede ayudar a reducir el miedo. Pero tú no vives en el futuro. Vives aquí, en el presente, y también debes aprender a centrar tu energía, tu atención y tu tiempo en lo que estás haciendo ahora mismo.

Uno de los primeros libros de autoayuda mundialmente populares fue *Cómo dejar de preocuparse y empezar a vivir*, del escritor y conferenciante estadounidense Dale Carnegie. Publicado por primera vez en 1948, la tesis central del libro es que pasar tiempo preocupándose por el futuro es en gran medida una pérdida de tiempo. Si, en cambio, puedes dedicar el 100% de tu esfuerzo a lo que haces cada día, el futuro se ocupará de sí mismo. Aprender a centrarse en el presente es un enfoque poderoso que es tan relevante ahora como lo fue en 1948.

Pensar en el futuro y considerar lo que se puede hacer para mitigar posibles problemas es sensato. Preocuparse por el futuro de forma desestructurada es completamente útil. Hay que aprender a equilibrar la planificación del futuro con la concentración en el presente, comprometiéndose al 100% con lo que se hace ahora. O, como decía Dale Carnegie, "*vive cada día hasta la hora de acostarte*".

Renunciar de forma inteligente

"¡Los ganadores no renuncian!" es un mantra que se repite con frecuencia en los libros de autoayuda y en otros lugares. Hay cierto grado de verdad en ello. Al fin y al cabo, se necesita persistencia y tenacidad para seguir adelante ante la adversidad. Pero no rendirse nunca es también una falacia. Una de las características que definen a las personas de éxito es que saben cuándo abandonar, y lo hacen en el momento adecuado y por las razones correctas. A veces, renunciar no es sólo el enfoque más eficaz. Es la única manera de progresar de verdad.

Sin embargo, al igual que el miedo puede impedirte empezar algo, también puede hacerte seguir adelante mucho después de que sea evidente que tu idea no va a funcionar. Ya hemos hablado de cómo la voluntad de probar cosas nuevas está en el corazón del cambio positivo. A veces, esto significa inevitablemente el fracaso de tus objetivos. ¿Cómo puedes asegurarte de no perder tiempo y esfuerzo persistiendo con una idea improductiva durante demasiado tiempo?

Antes de empezar a trabajar en tu nueva idea, debes tener claros los objetivos y los puntos de revisión. Algunas ideas nuevas funcionarán. Otras no. Hay que superar los miedos para acabar con las ideas que no van a funcionar. La inclusión de puntos de revisión al principio (momentos en los que te sentarás a examinar si estás logrando lo que te propusiste) te hará echar un vistazo objetivo al progreso.

Ser objetivo es vital en este caso. El miedo a abandonar es tan poderoso como el miedo a fracasar. De hecho, no abandonar algo puede ser simplemente una forma de retrasar el reconocimiento de que va a fracasar. Puede significar engañarse a sí mismo pensando que está tratando algo cuando no es así o evitar la posibilidad de parecer tonto. El tiempo y la energía son limitados y hay que emplearlos de manera productiva. Tienes que revisar lo que estás haciendo y los progresos que has hecho y decidir si vale la pena continuar con el proyecto. Abandonar no es fácil. Tienes una conexión emocional con la nueva idea y quieres que tenga éxito. Abandonar se siente como un fracaso. Sin embargo, abandonar también puede suponer una importante oportunidad de aprendizaje. Si intentas algo y no funciona, piensa por qué y qué has aprendido de la experiencia.

Los ganadores renuncian. De hecho, los estudios demuestran que las personas con más éxito renuncian más que la mayoría. Pero renuncian por las razones correctas y aprenden de esa experiencia. No dejes que el miedo te atrape para continuar con algo mucho tiempo después de que sea obvio que no vas a conseguir lo que quieres.

Cómo afrontar los problemas

Un gran inhibidor del cambio positivo es el miedo a los problemas, reales o percibidos. Te gustaría ponerte en forma, pero probablemente no encuentres tiempo para ello. Te gustaría involucrarte más en la informática en el trabajo, pero no sabes lo suficiente sobre ordenadores.

Al igual que ocurre con el propio miedo, el impacto de los problemas puede reducirse enfrentándose a ellos e intentando comprenderlos. Tomemos el primer ejemplo anterior. Quieres mejorar tu forma física, pero crees que encontrar el tiempo puede ser un problema. Aquí hay que pensar en un par de cosas. La primera es práctica. ¿Qué quieres conseguir y cuánto tiempo te va a llevar cada semana? Escribe un calendario y comprueba cómo encaja en tu vida. Si te parece demasiado, ¿por qué no intentas dedicarle menos tiempo? Puedes seguir mejorando tu forma física haciendo menos ejercicio. ¿Puedes cambiar el coche para ir al trabajo por un paseo o aparcar el coche más lejos y caminar parte del trayecto? Céntrate en el objetivo -ponerte en forma- y en los beneficios que te aportará. Puedes encontrar tiempo para hacerlo, por muy ocupado que estés.

Sin embargo, no todos los problemas son tan prácticos como el de cómo encajar el ejercicio en una agenda apretada, y no todos pueden resolverse de forma tan sencilla. A menudo, nuestra percepción de los problemas no es más que un miedo oculto. Quieres ponerte en forma, pero en tu interior tienes miedo de no poder hacerlo. Lo racionalizas diciendo que no tienes tiempo, pero en realidad el problema es tu miedo al fracaso. No reconocer la importancia de emociones como el miedo es una situación muy común, y es por ello que analizar en detalle los problemas puede ayudar no sólo a resolverlos, sino a revelar los sentimientos subyacentes que pueden estar detrás de ellos.

Reconocer cuál es cada uno es importante. Los problemas reales y prácticos son susceptibles de soluciones reales y prácticas. Los problemas percibidos que son una máscara del miedo sólo pueden abordarse enfrentándose a ellos y utilizando las técnicas descritas anteriormente para tratar el miedo. Para estar seguro de a qué te enfrentas, necesitas ser consciente de ti mismo y comprender tus emociones. Cuando te enfrentas a problemas percibidos, el simple hecho de analizarlos en detalle puede hacerlos desaparecer.

Existen varias técnicas conocidas para examinar los problemas prácticos. Una de las más eficaces y populares es el "replanteamiento". Esta técnica consiste en no buscar inmediatamente una solución al problema, sino en buscar diferentes formas de verlo. Mirar el problema de una manera diferente puede llevar a ser capaz de identificar soluciones más obvias. Por ejemplo, si volvemos al deseo de estar más en forma, el problema es que no tienes tiempo para ir al gimnasio varias veces a la semana. Si se replantea el problema como "¿de qué manera puedo ponerme más en forma?" en lugar de "¿cómo puedo encontrar tiempo para ir al gimnasio?" es más fácil encontrar una solución. En lugar de buscar tiempo para ir al gimnasio, puedes plantearte cómo incorporar más ejercicio a tu vida diaria, caminando en lugar de utilizar el coche, por ejemplo. Simplemente mirando el problema de una manera diferente, replanteándolo, la solución se hace evidente.

El famoso científico Albert Einstein lo resumió. Le preguntaron cómo abordaba la resolución de problemas y su respuesta fue:

"Si tuviera una hora para resolver un problema, dedicaría 55 minutos a pensar en el problema y cinco minutos a pensar en las soluciones".

Dedicar tiempo a observar los problemas para verlos de otra manera es una forma eficaz de encontrar soluciones. A veces, el simple hecho de mirar un problema de forma diferente puede hacer que desaparezca por completo. Aprender a enfrentarse a los problemas con confianza es una parte importante de la fortaleza mental y una gran forma de reducir el miedo.

Capítulo 4: La ejecución precisa de la voluntad: Aprende a pensar como un Marine Real

Cuando pensamos en gente dura, muchos pensamos en soldados de las fuerzas especiales. Sin embargo, solemos pensar en la dureza física y en la capacidad de soportar situaciones extremas. Para los soldados de las fuerzas especiales de todo el mundo, su entrenamiento y preparación hacen hincapié en la fortaleza mental tanto como en la preparación física. ¿Qué podemos aprender de su entrenamiento que pueda aplicarse al desarrollo de la fortaleza mental en la vida cotidiana?

Los Marines Reales

Los Royal Marines se formaron por primera vez en 1664 para servir como soldados a bordo de los buques de guerra de la Marina Real. Durante la Segunda Guerra Mundial, se formaron las primeras unidades de Comandos de la Marina Real. Estas tropas de servicios especiales realizaron incursiones en la Europa ocupada. En 1950, los Royal Marines se centraron completamente en los comandos y las tropas con boinas verdes están consideradas actualmente como algunos de los mejores soldados de servicios especiales del mundo.

Estas tropas deben aprender a luchar en circunstancias en las que se encuentran lejos de las tropas amigas y, a menudo, en inferioridad numérica y de armamento. Los entrenamientos en el Centro de Entrenamiento de

Comandos de los Marines Reales en Lympstone, en el este de Devon, implican desafíos físicos extremos, como es de esperar. Estos cursos de formación también están diseñados para desarrollar la fortaleza mental necesaria para tener éxito en las circunstancias más difíciles y desafiantes del campo de batalla. Parte de este entrenamiento consiste en enseñar a los reclutas a enfrentarse al miedo. La reducción del miedo suele hacerse colocando a los reclutas en situaciones aterradoras, como las alturas o los espacios cerrados. Estar expuesto al miedo repetidamente reduce el impacto de su efecto, como ya hemos comentado en el capítulo anterior. Los Marines Reales no son intrépidos, sino que aprenden a lidiar con el miedo enfrentándose a él, reconociéndolo y planificando el peor resultado posible.

Además, el entrenamiento de los Royal Marines hace hincapié en cuatro cualidades mentales: unidad, adaptabilidad, humildad y fortaleza[5]. Las cuatro son elementos importantes de la fortaleza mental.

Unidad

El desinterés se considera una característica primordial de los Royal Marines, y durante el entrenamiento se espera que todos los reclutas ayuden y apoyen constantemente a sus compañeros. La devoción desinteresada por el éxito de la misión y la supervivencia de la unidad por encima de la consideración propia es primordial. La peor condena que puede recibir un Royal Marine durante el entrenamiento

---

[5] *El ethos de los Royal Marines: The Precise Application of Will*, Dr. Anthony King, Departamento de Sociología, Universidad de Exeter, 2004

es ser identificado como un "Jack" egoísta, como en "*Estoy bien, Jack*". Los "*Jacks*" raramente completan su entrenamiento porque son incapaces de subsumir sus propias necesidades y deseos al bien colectivo del grupo.

¿Eres un "*Jack*"?

Muchos de nosotros lo somos. Algunas personas consideran erróneamente que el egoísmo y la búsqueda de intereses propios son un enfoque positivo e incluso admirable de la vida. Algunos consideran que estos atributos demuestran dureza mental. Lo cierto es lo contrario. El egoísmo y los celos están impulsados por el miedo y la inseguridad. Las personas egoístas parecen sentir que sólo hay una cierta cantidad de éxito disponible, y si otra persona tiene éxito, eso deja menos para ellos. Por supuesto, eso es una falacia. Ser verdaderamente desinteresado, dar ayuda y apoyo donde se necesita, es un signo de total confianza y seguridad mental.

Precisamente lo mismo se aplica a los deportistas de éxito. En su libro *The Way of The Champion (El camino del campeón)*, el psicólogo deportivo Jerry Lynch señala que los miembros de los equipos de mayor rendimiento suelen mostrar "*una disposición incondicional a anteponer el equipo o el grupo a cualquiera de sus necesidades individuales o propias*". [6]"Los verdaderos ganadores no analizan cada situación preguntándose "*¿Qué gano yo?*" Consideran cómo beneficiar a todo el equipo. Y los mejores

---

[6] *El camino del campeón: Lessons from Sun Tzu's the Art of War and Other Tao Wisdom for Sports & Life*, Jerry Lynch Ph.D., Tuttle Publishing, 2006.

campeones proceden de los equipos que trabajan juntos con mayor eficacia.

Pero tú no perteneces a una unidad de fuerzas especiales ni a un equipo deportivo de alto rendimiento, así que ¿cómo se aplican sus habilidades a tu vida cotidiana? Muy pocas actividades que realices, ya sea tu carrera, tus relaciones o incluso tus aficiones, las harás solo. Tú también trabajas como parte de un equipo y si el equipo rinde bien, te beneficias. Piensa en ello como en una inversión financiera. Si te esfuerzas en apoyar al equipo en lugar de preocuparte sólo por ti, estás ayudándolo a tener éxito. Cuando tenga éxito, tú también lo tendrás, mucho más de lo que podrías por tu cuenta.

Varios estudios confirman que la soledad en el trabajo es un problema creciente. Un estudio realizado en 2017 por la Universidad Estatal de California y la Escuela de Negocios de Wharton [7]encuestó a varios cientos de trabajadores y descubrió que los sentimientos de soledad en el lugar de trabajo eran una de las principales causas de retraimiento emocional y bajo rendimiento en el trabajo. Estudios similares en otros países han encontrado lo mismo. Los trabajadores que se sienten aislados y emocionalmente distanciados rinden peor. Si se establecen relaciones de apoyo, se pueden reducir los sentimientos de aislamiento en otros miembros del equipo y ayudar a aumentar el rendimiento general.

---

[7] *La soledad en el trabajo y el rendimiento de los empleados*, Ozcelik, H. y Barsade, S., California Sacramento University, College of Business Administration, 2018.

Como muchas de las mejores inversiones, es posible que no veas un rendimiento inmediato. A largo plazo, convertirse en un jugador de equipo te reportará mayores beneficios. ¿Recuerdas que hablamos de la importancia de retrasar la gratificación? Cuanto más des, más recibirás. El espíritu de unidad de los Royal Marines requiere dedicación al equipo pero, a cambio, proporciona un mayor potencial de éxito y una mayor fortaleza mental.

No seas un "*Jack*". Trabaja para desarrollar el desinterés. Conviértete en un facilitador, combinando la compasión con la confianza para hablar cuando sea necesario. Desplaza tu atención de ti mismo a las personas que te rodean y al equipo al que perteneces, ya sea una familia o un grupo de amigos o colegas.

Adaptabilidad

El futuro es incierto, por mucho que lo planifiquemos cuidadosamente. Hacer frente a lo inesperado es aún más importante para organizaciones como los Royal Marines. No es de extrañar que el segundo elemento de la ética de los Royal Marines sea la adaptabilidad, la capacidad de enfrentarse eficazmente a lo inesperado.

Sin embargo, la adaptabilidad también es importante en otros ámbitos de la vida. Las nuevas tecnologías, los cambios sociales y los acontecimientos imprevistos, como la pandemia de COVID 19, hacen que no podamos decir con total seguridad cómo será el futuro. Dentro de cada vida también hay cambios significativos. Entre ellos se encuentran los cambios en la carrera y las relaciones, el traslado a otras zonas y los cambios a largo plazo, como ser padre o jubilarse. Lo único que podemos asegurar es que el futuro es incierto.

El filósofo griego Heráclito lo resumió muy bien hace más de dos mil años:

"Ninguna persona pisa dos veces el mismo río, porque no es el mismo río, ni es la misma persona".

Para muchas personas, la incertidumbre es aterradora, y la perspectiva del cambio es algo que hay que temer. Las personas con más éxito, las que son mentalmente fuertes, no se sienten así. Aceptan el cambio y la incertidumbre porque saben que ambos traen oportunidades. La clave para mantener el bienestar mental frente al cambio es la adaptabilidad. ¿Qué queremos decir con eso? La Asociación Americana de Psicología (APA) ofrece una útil definición de adaptabilidad como *"la capacidad de dar respuestas adecuadas a situaciones cambiadas o cambiantes; la capacidad de modificar o ajustar el comportamiento propio para hacer frente a diferentes circunstancias o a diferentes personas".* [8]"

¿Cómo se puede desarrollar una mentalidad adaptable? Una gran parte de la adaptabilidad es la forma de ver y reaccionar ante los fracasos y los problemas. Si aprendes a responder eficazmente a los fracasos y a superar los problemas, tendrás más confianza para afrontar la incertidumbre. Y lo que es mejor, si ves el fracaso como una oportunidad para aprender, llegarás a verlo como un

---

[8] *Diccionario APA de psicología* (2ª ed.). VandenBos, G. R. (Ed.). (2015), Asociación Americana de Psicología.

paso más en el camino hacia el éxito. Igual de importante es la capacidad de seguir siendo optimista, de ver el cambio y el desafío como algo temporal y capaz de cambiarse en beneficio propio.

Ver la oportunidad en el cambio y tener la fortaleza mental para seguir siendo optimista son los elementos más importantes para afrontar la incertidumbre. Para su libro *Crucibles of Leadership*, el profesor Robert J Thomas, de la Universidad de Georgetown, entrevistó a varios de los líderes empresariales y del sector público de mayor rendimiento. Algunas de las características compartidas más notables que encontró fueron las "*capacidades de adaptación*", la capacidad de ver la incertidumbre dentro de un contexto positivo y la fortaleza mental para afrontar el cambio. El profesor Thomas también descubrió que ser capaz de afrontar eficazmente la incertidumbre aumentaba la fortaleza mental.

La adaptabilidad es una de las claves para afrontar un mundo en constante cambio. No puedes controlar el futuro al que te enfrentas, pero puedes cambiar tu mentalidad para afrontar con mayor eficacia lo que te depare. El énfasis de los Royal Marines en la adaptabilidad es tan importante para el resto de nosotros como para los soldados de servicios especiales.

Humildad

La confianza en uno mismo es un elemento importante de la fortaleza mental. Debes aprender a confiar en tu propio juicio y a seguir tus instintos. Sin embargo, si la confianza en uno mismo se convierte en arrogancia, se vuelve inútil. La arrogancia implica la aceptación de que las cosas son tan buenas como pueden ser, que se ha llegado a un punto en el que se ha aprendido todo lo que se puede. Esto conduce a una falta de progreso. No importa el éxito que tengas, siempre debes estar abierto al aprendizaje y a la mejora, debes ser autocrítico, buscar nuevas prácticas y enfoques que puedan hacerte aún más eficaz.

Ser un miembro eficaz del equipo fomenta el *espíritu de cuerpo*, el orgullo y la lealtad a ese grupo. No se debe permitir que esto conduzca a la arrogancia, a la sensación de que su equipo es mejor que cualquier otro. En los Royal Marines, la formación nunca sugiere que una unidad sea mejor que otra. Se hace hincapié en la importancia de operar con otras unidades, cada una de las cuales aporta sus propios puntos fuertes y habilidades a cualquier situación.

Varios estudios han demostrado que la humildad está asociada a todo tipo de beneficios, entre ellos:

- Una idea más clara de los objetivos de la vida
- Aumento de la productividad y la armonía en el lugar de trabajo
- Relaciones más sólidas
- Matrimonios más duraderos
- Mejora de la salud.

La humildad también está directamente relacionada con la creación de comunidades más fuertes. La humildad es el antídoto contra el ego, la parte de nuestra mente que se preocupa únicamente por nosotros mismos. El ego es poderoso y, si no se controla, puede dominar nuestro pensamiento y hacernos arrogantes y egoístas.

Sin embargo, la humildad en el contexto de la fortaleza mental implica un difícil acto de equilibrio. Necesitas la confianza en ti mismo para creer que puedes lograr cualquier cosa que te propongas. La confianza en uno mismo debe atemperarse con el reconocimiento de que puedes fracasar ocasionalmente y de que siempre hay espacio para aprender y mejorar. Si quieres mejorar en todo lo que haces, primero debes aprender a ser humilde. O, en palabras del filósofo griego Sócrates:

"El verdadero conocimiento existe en saber que no se sabe nada".

Mucha gente confunde la humildad con la debilidad y la incertidumbre. En cambio, es lo contrario. Es aceptar que ninguna persona será nunca perfecta o verdaderamente completa. La fortaleza mental significa ver todo lo que logras en ese contexto, de reconocer que no importa cuánta experiencia tengas o cuánto sepas, siempre hay más que aprender. Significa estar dispuesto a pedir ayuda cuando la necesitas y a aprender de lo que hacen los demás. Significa escuchar de verdad a los demás, buscar opiniones sinceras y estar agradecido por lo que tienes.

La vida es un viaje, y la fortaleza mental te ayuda a progresar en la dirección que elijas. Si se permite que la fortaleza mental se convierta en arrogancia, puede convertirse en una barrera. La arrogancia te hará creer que has progresado todo lo que puedes. La confianza atemperada por la humildad hará que sigas avanzando hacia tus objetivos.

Ejercicio 7: Haz una prueba de humildad

Ejercicio 8: ¿Qué has aprendido hoy?

Fortaleza

El cuarto pilar del espíritu de los Royal Marines es la fortaleza, la capacidad de seguir adelante ante la adversidad. Gran parte de su entrenamiento consiste en desarrollar la fortaleza al enfrentarse a retos físicos y mentales. Se espera que actúen cuando están fatigados, cuando se enfrentan a probabilidades aparentemente abrumadoras y ante un peligro extremo. Deben hacerlo una y otra vez. La fortaleza no consiste en una única actuación excepcional, sino en rendir al máximo de forma constante, sea cual sea la situación.

En el contexto de la fortaleza mental, estamos hablando principalmente de la fortaleza mental más que de la física. Esa voluntad de perseverar no debe confundirse con una obstinada insistencia en seguir en la misma dirección pase lo que pase. Ya hemos hablado de que, a veces, reconocer el fracaso y pasar a algo más productivo es la respuesta más eficaz. La fortaleza mental significa seguir trabajando hacia tus objetivos, pase lo que pase.

Uno de los elementos más importantes de la fortaleza mental es el optimismo. No hay que permitirse pensar de forma pesimista ni dudar de uno mismo. Habrá momentos en los que ocurran cosas que desearías que no hubieran ocurrido o en los que tomes decisiones que luego se revelen como errores. Si te obsesionas con eso, no serás capaz de tomar medidas eficaces. En cambio, debes ser capaz de aprender y seguir adelante, dejando atrás esos errores. Tu actitud define tu rendimiento. Debes lidiar constantemente con tus emociones y buscar factores positivos incluso en el fracaso y la adversidad.

Las personas con más éxito, las que han tenido un mayor impacto en el mundo, no son necesariamente las más inteligentes, las más fuertes o las más educadas. Casi siempre son personas que hacen gala de una fortaleza extrema frente a la adversidad. Tomemos el ejemplo de un hombre nacido en la extrema pobreza que tenía dos negocios fracasados, se había presentado a las elecciones a la legislatura local y nacional y había sido derrotado ocho veces. El mismo hombre sufrió una crisis nerviosa tras la repentina muerte de su novia de la infancia. Ese hombre se había enfrentado a un tipo de adversidad que la mayoría de nosotros nunca conocerá. Se llamaba Abraham Lincoln y a la edad de 51 años se convirtió en el 16º Presidente de los Estados Unidos.

Lincoln contribuyó a definir la historia del siglo XIX y se convirtió en uno de los líderes mundiales más famosos. Le ayudaron la pasión, la confianza en sí mismo y la inteligencia, pero, sobre todo, su éxito se debió a la fortaleza para superar la adversidad.

Para tener la fortaleza mental de un Royal Marine, debes tener unidad, adaptabilidad y humildad. Aunque tengas todos estos atributos, sin la fortaleza para seguir adelante cuando te encuentres con problemas, nunca lograrás lo que te propongas.

Capítulo 5: Desarrollar la fortaleza mental

Hasta ahora, este libro ha tratado de comprender qué es la fortaleza mental y por qué es importante. Ahora es el momento de pasar de la teoría a ver cómo puedes aplicar estos conocimientos a tu vida. Es hora de dejar de pensar en la fortaleza mental y empezar a desarrollarla. Antes de empezar, hazte una pregunta fundamental:

¿Quieres crecer?

Desarrollar la fortaleza mental no será fácil. Requiere tiempo y esfuerzo. Esperemos que ahora entiendas los beneficios que te aportará la fortaleza mental, pero ¿es tu deseo de crecer y mejorar lo suficientemente fuerte?

Nadie más puede desarrollar la fortaleza mental por ti. Debes ser capaz de encontrar los recursos mentales para continuar. ¿Estás lo suficientemente motivado para hacerlo?

Si no estás seguro, vamos a echar un vistazo a uno de los pilares de la fortaleza mental: establecer objetivos. Tener objetivos claros proporciona la motivación que necesitas para continuar y te permite evaluar el progreso.

Fijación de objetivos

Las personas con más éxito no van a la deriva por la vida, tropezando con las oportunidades por casualidad. Por el contrario, tienen objetivos claros y definidos por los que trabajan. Todo su tiempo y esfuerzo se emplean en trabajar para conseguir esos objetivos. Esta dedicación es una de las diferencias más importantes entre las personas que triunfan y las que fracasan.

Tomemos el ejemplo de un empresario de éxito. De niño le regalaron un Porsche 911 de juguete. Le gustaba tanto el coche de juguete que decidió que quería tener uno de verdad antes de cumplir los treinta y cinco años. Cuando dejó la escuela, guardó el juguete y lo colocó en su escritorio, donde podía verlo. Se convirtió en su principal motivación. Cuando estaba cansado, desanimado o simplemente perdía la concentración, la mirada a este brillante modelo de coche le recordaba el objetivo que perseguía y le daba ánimos.

Ganó suficiente dinero como para comprarse un precioso Porsche 911 plateado unos meses antes de cumplir 35 años. Ahora tiene más de 60 años y es dueño de una serie de negocios exitosos. Sigue teniendo ese 911 porque le recuerda la necesidad de concentrarse para conseguir lo que quiere. Sin ese coche como objetivo, admite libremente que nunca habría encontrado la concentración necesaria para alcanzar el éxito.

Ahora bien, esforzarse por poseer un coche deportivo puede no parecer un objetivo especialmente admirable (y en aquel momento nunca le dijo a nadie su deseo de poseer un Porsche). Los objetivos son personales, y siempre que te mantengan centrado, es algo positivo. Incluso los objetivos aparentemente egoístas pueden beneficiar a otras personas. Ese empresario estaba motivado por su deseo de tener un Porsche. Pero en el camino hacia ese objetivo, construyó varios negocios que dieron empleo a varias personas y se hizo lo suficientemente rico como para donar regularmente a la caridad. Su objetivo era totalmente egoísta, pero el enfoque que le dio le proporcionó cosas positivas en el camino.

Tu objetivo no tiene por qué ser un coche de lujo o ganar mucho dinero. No obstante, si quieres tener éxito, necesitas uno o varios objetivos personales claros.

Los objetivos no son sólo aspiraciones vagas. Para ser eficaces, los objetivos deben ser SMART. Este acrónimo es muy utilizado en el mundo empresarial y significa:

- **Específico** (simple, sensato, significativo)
- **Medible** (significativo, motivador)
- **Alcanzable** (acordado, alcanzable)
- **Relevante** (razonable, realista y con recursos, basado en resultados)
- **Con límite de tiempo** (con una fecha de finalización clara)

Veamos estos requisitos:

Lo **específico** es bastante obvio. Hay que poder decir cuándo se ha alcanzado un objetivo. "Quiero ser feliz" es comprensible como objetivo, por ejemplo, pero es demasiado vago. Nunca llegará un momento de tu vida en el que seas siempre feliz. No puedes decir cuándo has alcanzado ese objetivo. Tienes que pensar qué es lo que te hará feliz y profundizar en objetivos concretos. Tal vez ser feliz signifique estar libre de preocupaciones monetarias. Eso está más claro, pero mejor aún es un objetivo específico como: "Me libraré de todas las deudas".

Medible también es sencillo. De nuevo, un objetivo vago no funcionará. Por ejemplo, no puedes medir conceptos como "felicidad" o "preocupación". "Me libraré de todas las deudas" es mucho mejor porque puedes medir claramente cuándo has conseguido ese objetivo.

Alcanzable significa exactamente lo que dice. Tus objetivos son los que te motivarán y te mantendrán centrado. Pero, si no son alcanzables, simplemente te llevarán al desánimo y a la pérdida de concentración. Así que sé realista. ¿Puedes realmente alcanzar lo que te has fijado como objetivo? ¿Puedes ver un camino claro y definido que utilice las habilidades y la experiencia que tienes (o que puedes conseguir) para alcanzar tu objetivo? Si no es así, probablemente no sea alcanzable.

La **relevancia** se refiere a si el objetivo es realmente importante para ti. ¿Es algo que realmente quieres y a lo que estás dispuesto a dedicar tiempo y esfuerzo? ¿Te motivará alcanzar ese objetivo?

Con límite de tiempo significa establecer una fecha límite para alcanzar el objetivo. Esta fecha límite te ayuda a estar centrado y te da algo por lo que trabajar. De esa manera, "Me libraré de las deudas en tres años" es un objetivo aún mejor.

Para ser más eficaces, los objetivos deben ser siempre positivos. "Haré un curso de formación para ser más eficaz en el trabajo" es un objetivo positivo. "Quiero meter la pata menos" no lo es. Los objetivos positivos apoyan una mentalidad positiva y, como ya hemos dicho, el pensamiento positivo es una parte importante del desarrollo de la fortaleza mental. Los objetivos también son importantes porque te ayudan a no depender de la validación externa. Muchos de nosotros juzgamos lo bien que nos va escuchando las opiniones de los demás. Las opiniones de los demás son fiables porque los demás no siempre tienen en cuenta nuestros mejores intereses. Los objetivos personales te dan una forma objetiva de juzgar los progresos que estás haciendo y hacen que sea más fácil ignorar o desestimar los consejos y las opiniones que no son útiles.

También debes hacerte cargo de tus objetivos. Recuerda que estos objetivos no pretenden impresionar a otras personas. Deben ser objetivos que realmente te importen. Si adoptas un objetivo porque crees que debes hacerlo, nunca pondrás el esfuerzo necesario para conseguirlo. Por ejemplo, perder peso. Muchos de nosotros probablemente pensamos que podríamos perder unos cuantos kilos, pero ¿es ese objetivo realmente lo suficientemente importante para nosotros como para ser una meta? Muchos de nosotros hemos empezado una dieta o hemos intentado adoptar hábitos alimentarios saludables pero no hemos conseguido mantenerlos. Generalmente atribuimos estos fracasos a la falta de fuerza de voluntad o de autodisciplina, pero la verdadera causa suele ser que no estamos totalmente comprometidos con un objetivo concreto. Si no es así, ese objetivo no nos va a proporcionar la motivación que necesitamos.

Tus objetivos deben ser realmente importantes para ti. Que eso signifique salvar el mundo o tener un brillante coche deportivo depende de tus intereses. Sé absoluta y completamente honesto contigo mismo cuando establezcas tus objetivos personales.

Tener objetivos no creará fortaleza mental. Pero estos objetivos te ayudarán a realizar y mantener el esfuerzo necesario para lograr la fortaleza mental. Sin objetivos, estás a la deriva y perdido. Con objetivos, tienes una hoja de ruta para el viaje que tienes por delante y una fuerte motivación para llegar a tu destino.

Ejercicio 9: Establecer objetivos personales

Los sueños no son objetivos

Antes de seguir adelante, debemos mencionar brevemente una importante distinción entre sueños y objetivos. "Sigue tu sueño" es un consejo que habrás oído, y te parece correcto pero, en realidad, no es ni útil ni normalmente alcanzable. Los sueños son aspiraciones vagas. Oímos historias de personas que han seguido un sueño para crear un negocio exitoso o encontrar el éxito en algún otro ámbito. El problema es que sólo oímos hablar de las personas que tienen éxito, no del mayor número de las que acaban sin dinero y desilusionadas por perseguir un sueño sin esperanza.

Los sueños son valiosos. Proporcionan pasión, compromiso y esperanza. Si confundes los sueños con los objetivos, probablemente te dirijas al desastre. ¿Cómo puedes diferenciarlos? Los objetivos son SMART. Es decir, si se comprueba que son específicos, medibles, alcanzables, relevantes y con un plazo determinado, se pueden obtener respuestas claras y definidas. Los sueños no son SMART, y no puedes definir un camino claro para alcanzarlos. No abandones tus sueños, pero no los confundas con los objetivos que te harán centrarte y comprometerte cada día.

Matar la autocompasión

La autocompasión, el sentir lástima por ti mismo, y el sentir que todos los problemas a los que te enfrentas no son culpa tuya, son los principales enemigos de la fortaleza mental. Si quieres llegar a ser mentalmente fuerte, debes desterrar la autocompasión.

Las personas mentalmente fuertes tienen el control de sus vidas. Conocen tanto sus puntos fuertes como sus puntos débiles, y utilizan este conocimiento para alcanzar sus objetivos. Si fracasan, aceptan la responsabilidad, aprenden del proceso y siguen adelante. Las personas que sufren de autocompasión culpan a otras personas, a las circunstancias o al mundo en general cuando las cosas van mal. Ven su lugar en la vida como algo pasivo y suelen quejarse con vehemencia de esa situación. Piensa en las personas que conoces que pasan mucho tiempo quejándose. ¿Son personas que tienen éxito? Por lo general, la respuesta es no. Las personas que se rinden a la autocompasión son mucho más propensas a rendirse cuando se enfrentan a los desafíos, simplemente porque no ven que tienen la capacidad de cambiar las cosas. Las personas que se quejan generalmente carecen de fortaleza mental, las personas con éxito no suelen quejarse aún cuando se enfrentan a la adversidad.

La autocompasión es una elección que se hace, no algo con lo que se nace. Es una forma de pensar que puede arraigar profundamente en tu personalidad y puede socavar todo lo que haces. Si te sorprendes a ti mismo quejándote, deja de hacerlo. Quejarse no cambia nada. Simplemente refuerza tu opinión de que estás lidiando con fuerzas que están fuera de tu control y le dice a los demás que tienes una actitud pasiva.

Si no estás contento con algo, piensa en lo que puedes hacer para cambiar la situación. Toma medidas para que esas cosas sucedan. Si la actitud o el comportamiento de alguien te está causando problemas, díselo, de una manera que no le haga sentirse resentido y enfadado. Si las circunstancias te impiden conseguir algo, piensa en cómo puedes hacer cambios para mejorar las cosas. Si no es posible, intenta replantear el problema. ¿Puedes cambiar lo que intentas conseguir por algo que sea posible?

Sobre todo, sé un triunfador activo, no un quejica. Si sientes una repentina punzada de autocompasión cuando las cosas van mal, existe un antídoto llamado gratitud. La mayoría de nosotros, y en particular los que vivimos en el mundo desarrollado, tenemos mucho que agradecer. A menudo son circunstancias que damos por sentadas o en las que no pensamos en absoluto. Tómate un momento para pensar en lo que te hace sentir agradecido.

Ejercicio 10: Cosas que agradecer

Fuerza de voluntad y autodisciplina

Vas a necesitar tanto fuerza de voluntad como autodisciplina para desarrollar el hábito de la fortaleza mental. Merece la pena dedicar un momento a hablar de lo que queremos decir con esos términos porque, aunque a menudo se utilizan como sinónimos, son claramente diferentes.

La fuerza de voluntad es la capacidad de aplazar la satisfacción de las tentaciones a corto plazo para cumplir los objetivos a largo plazo. Cuando no te comes un dulce porque estás a dieta, eso es fuerza de voluntad. La fuerza de voluntad es importante, y es algo de lo que muchos de nosotros sentimos que carecemos. Los encuestados en el *estudio* anual *Stress in America Survey* (realizado por la *American Psychological Association)* citan regularmente la falta de fuerza de voluntad como la principal razón por la que no son capaces de persistir en los cambios positivos de la vida. Muchas personas creen que la fuerza de voluntad es un recurso finito, como el combustible del depósito de un coche. A medida que avanza el día, la fuerza de voluntad se va agotando y cada vez es más difícil resistir la tentación.

La autodisciplina es similar, pero no consiste en resistir la tentación. Se trata más bien de tomar decisiones que apoyen directamente la consecución de un objetivo a largo plazo. Un error común es pensar que la autodisciplina es algo desagradable o incluso obsesivo. No es así. Se trata de tomar el control y tomar decisiones que apoyen tus objetivos a largo plazo. La fuerza de voluntad puede disminuir cada día, pero la autodisciplina siempre está ahí para sustituirla. Cuando tienes tanto fuerza de voluntad como autodisciplina, siempre podrás encontrar la capacidad de continuar sin importar lo que pase.

Ni la fuerza de voluntad ni la autodisciplina son inherentes. Ambas pueden desarrollarse y reforzarse mediante la repetición. Ambas están estrechamente vinculadas a tener objetivos a largo plazo. No puedes tomar decisiones que apoyen tu futuro a largo plazo a menos que sepas cómo quieres que sea ese futuro. Ambas están también estrechamente relacionadas con la capacidad de retrasar la gratificación, la capacidad de rechazar una tentación inmediata para avanzar hacia un objetivo a largo plazo. ¿Qué puedes hacer para aumentar tu fuerza de voluntad y tu autodisciplina? Aquí tienes cuatro estrategias de eficacia probadas:

> **Elimina las distracciones y las tentaciones.** Es más fácil resistirse a las tentaciones cuando las eliminas de tu entorno inmediato. Si tienes un problema con la comida basura, por ejemplo, deshazte de toda la comida basura de tu nevera y mantén tu zona de trabajo libre de aperitivos. Si tienes la tentación de pasar las tardes y los fines de semana desplomado frente al televisor en lugar de hacer algo productivo, no enciendas automáticamente la televisión en cuanto entres en casa. Busca un lugar para trabajar donde no puedas ver el televisor. Haz que ver la televisión sea una recompensa, algo que hagas después de haber completado una tarea.
>
> **Haz un plan.** Piensa en cómo puedes desarrollar tu fuerza de voluntad y tu autodisciplina. Por

ejemplo, el estrés y el cansancio pueden llevarte a tomar decisiones instintivas basadas en la satisfacción de la gratificación a corto plazo. El ejercicio reduce el estrés y te hace menos propenso a la fatiga. Haz un plan que incluya el ejercicio en tu rutina diaria. Come regularmente comidas pequeñas y saludables. Los niveles de azúcar en sangre demasiado altos o bajos pueden reducir tanto la fuerza de voluntad como la autodisciplina.

No intentes hacer mucho, demasiado rápido. No puedes convertir la pereza en un compromiso absoluto de la noche a la mañana. La fuerza de voluntad y la autodisciplina pueden convertirse en hábitos (y hablaremos más sobre la formación de hábitos positivos un poco más adelante), pero estos nuevos hábitos tardan en formarse. En su lugar, planifica dar pasos pequeños y constantes durante un periodo de semanas o meses. Celebra el progreso y aprende a reconocer que la fuerza de voluntad y la autodisciplina no son cosas desagradables que tengas que aguantar. Son señales de que realmente tienes el control de tu vida.

Aprende a concentrarte. Si puedes dedicar el 100% de tu atención a lo que estás haciendo en ese momento, no sólo rendirás mejor, sino que es mucho menos probable que te distraigas o cedas a la tentación. ¿Cómo se aprende a concentrarse? Haciéndolo. Divide tu día en segmentos en los que te ocupes de un solo asunto. Céntrate en ese asunto y en nada más hasta que esté resuelto. No te tomes descansos, excepto entre segmentos, y programa los descansos para tener tiempo para comer y hacer ejercicio. Sacar tiempo de tu apretada agenda para hacer ejercicio, dar un paseo rápido o tomar un tentempié saludable no es tiempo perdido. El ejercicio y la alimentación sana mejoran tu capacidad de concentración y aumentan la fuerza de voluntad y la autodisciplina.

Ejercicio 11: Fuerza de voluntad y autodisciplina

Abrazar el aburrimiento es la clave de la maestría

Dominar cualquier actividad implica aburrirse. Tanto si quieres aprender a tocar un instrumento musical, pintar, escribir, practicar un nuevo deporte o simplemente mejorar en lo que ya haces, tienes que dedicar tiempo a practicar. Debes repetir esa actividad una y otra vez hasta que puedas hacerla sin pensar. A muchas personas, la idea de hacer lo mismo repetidamente les parece aburrida y la encuentran desalentadora. Pero la fortaleza mental requiere hacerse amigo de la repetición y aprender a no evitarla, sino a abrazarla.

Empieza por aceptar que hacer cualquier cosa bien requiere una repetición infinita. No importa el talento natural que tengas o las habilidades innatas que poseas, esta idea es cierta. Se aplica incluso a las actividades creativas que consideramos espontáneas, como la escritura y la pintura. El autor cuyos libros te encantan no se levantó una mañana y dijo: "Oye, creo que voy a escribir un libro". Pasaron años perfeccionando su oficio, escribiendo día tras día hasta que fueron capaces de escribir de forma atractiva y entretenida. Tomemos el ejemplo del artista Pablo Picasso. Al ver sus cuadros cubistas y surrealistas, se podría pensar que los hizo en un súbito arrebato de inspiración y con poca reflexión previa. Sin embargo, antes de pensar en pintar de una forma tan novedosa, Picasso pasó 17 años aprendiendo las técnicas de la pintura convencional. Sólo cuando tuvo un dominio absoluto de estas técnicas, pasó a pintar cuadros que parecen creados de forma espontánea.

Independientemente del talento innato que tengas, dominar una nueva habilidad requiere tiempo y repetición.

Debes dominar elementos de cualquier oficio que practiques. El dominio probablemente no implique una gran creatividad, pero incluso si hablamos de las habilidades para utilizar hojas de cálculo o programas de contabilidad, es esencial que lo tengas. ¿Por qué? Porque el dominio es un prerrequisito básico para la confianza que necesitas en tus propias habilidades y capacidades. Sin esa confianza, nunca alcanzarás la fortaleza mental.

¿Cómo sentirse cómodo con el aburrimiento? El primer paso es reconocer que estás aburrido. A nuestros cerebros les gusta ser estimulados por cosas nuevas y, si nos enfrentamos a una tarea conocida, puede que nuestra mente se quede a la deriva. Podemos intentar buscar excusas para no hacer esa actividad. Estas respuestas a las tareas familiares son normales, pero una vez que reconoces que estás aburrido (o que intentas evitar esa sensación) puedes empezar a lidiar con las emociones que te produce.

Tener los objetivos personales de los que hemos hablado antes ayuda mucho a lidiar con el aburrimiento. Si tienes el equivalente a un Porsche de juguete en tu escritorio, eso te recuerda por qué estás haciendo lo que haces y te proporciona la motivación para continuar. También puedes recordarte a ti mismo que cada repetición de una tarea mundana te acerca a la maestría.

Asimismo hay estrategias sencillas para hacer que las tareas repetidas sean un poco más fáciles. Cronometra esas tareas y conviértelas en un juego para intentar batir tu propio récord. Date una pequeña recompensa si lo consigues. Intenta programar tu día alternando tareas conocidas con otras nuevas. Intenta meditar. No hace falta que abandones tu escritorio y adoptes la posición de loto en el suelo. Los estudios han demostrado que tomarse incluso dos minutos para no hacer nada más que sentarse y concentrarse completamente en la respiración puede reducir el estrés y aumentar la concentración.

Recuerda que, aunque parezca inverosímil, el aburrimiento puede potenciar la creatividad. Un estudio realizado en 2014 por la Universidad de Central Lancashire[9] tomó dos grupos de sujetos de prueba. A un grupo se le encomendó una tarea estimulante, escribir sobre algo nuevo. Al otro grupo se le encomendó una tarea aburrida. Se les pidió que copiaran números de una guía telefónica. Inmediatamente después, se pidió a ambos grupos que completaran una tarea que requería creatividad y pensamiento original. El

---

[9] *¿Estar aburrido nos hace más creativos?* Mann, Sandi y Cadman, Rebekah, University of Central Lancashire, Creativity Research Journal, 2014.

grupo que había participado en la tarea aburrida de antemano obtuvo mejores resultados. Por eso, intercalar tareas aburridas con otras que requieren creatividad puede funcionar muy bien.

Soportar el aburrimiento es temporal. El éxito no lo es.

Te darás cuenta de que no hemos hablado de estar aburrido porque no tienes nada que hacer. La razón es sencilla: Si tienes objetivos claros respaldados por la fuerza de voluntad y la autodisciplina, <u>nunca tendrás nada </u>que hacer. Siempre hay algo que puedes hacer para acercarte a tus objetivos. Lee sobre cómo otras personas han tenido éxito, aprende nuevas habilidades o simplemente haz tareas en casa para vencer la pereza y reforzar la fuerza de voluntad y la autodisciplina.

<u>Ejercicio 12: Aburrimiento</u>

¿Es el momento adecuado para renunciar?

Ya hemos hablado de cómo afrontar el fracaso y del valor de la perseverancia, pero también tenemos que hablar de cómo saber cuándo abandonar algo. Las personas mentalmente fuertes saben cómo seguir adelante a través de la adversidad, pero también saben cuál es el momento adecuado para abandonar. Esta estrategia se conoce como abandono inteligente y es un atributo importante de las personas más exitosas. En 2008, dos psicólogas estadounidenses, Heather Lench y Linda Levine, realizaron un fascinante experimento[10] sobre el valor de renunciar.

---

[10] *Metas y respuestas al fracaso: Knowing when to hold them and when to fold them*, por Heather C. Lench y Linda J. Levine, Motivation and Emotion, 2008.

Se pidió a los sujetos que completaran una serie de anagramas. La prueba estaba cronometrada y se dijo a los participantes que completaran los anagramas en orden. Sin embargo, el primer anagrama era irresoluble. Los únicos que obtuvieron una buena puntuación fueron los que abandonaron el primer anagrama y continuaron con el resto. Los sujetos con objetivos positivos orientados a alcanzar el éxito obtuvieron siempre una buena puntuación. Los que tenían objetivos negativos dirigidos a evitar el fracaso solían atascarse en el primer anagrama.

Tener objetivos positivos es un contexto importante para renunciar, pero también hay que asegurarse de que se deja por las razones correctas. Abandonar porque estás cansado o porque continuar parece difícil nunca es una buena idea. Abandonar por una respuesta emocional a los contratiempos o porque te preocupa lo que pensarán los demás tampoco es útil. A la inversa, no abandonar por miedo al fracaso o a lo que piense la gente, o porque ya se ha invertido mucho tiempo y esfuerzo en algo (la "falacia del coste del sol") tampoco es útil.

En lugar de ello, hay que analizar objetivamente el progreso o la falta de él. Tienes que pensar en cómo tus esfuerzos actuales están contribuyendo a la consecución de tus objetivos. Debes considerar si tu tiempo y esfuerzo podrían estar mejor invertidos en otra área. Sobre todo, tienes que ver que abandonar no equivale a fracasar siempre que aprendas de la experiencia. La persistencia es importante, pero la verdadera fortaleza mental significa reconocer el momento en que reenfocar tu energía en algo diferente es la mejor manera de avanzar.

Ejercicio 13: Saber cuándo renunciar

Hacer que tu voz interior sea positiva

Todos tenemos una voz interior que nos comenta constantemente nuestra vida. Nos acostumbramos tanto a esta voz que ya no la escuchamos. A veces, hace falta un esfuerzo consciente para escuchar lo que dice la voz interior. Algunas personas consideran que la meditación es una buena manera de aprender a escuchar esa voz interior. Si podemos escuchar lo que dice, muy a menudo esa voz es crítica y negativa, socavando nuestra confianza y burlándose de nuestros esfuerzos por cambiar. Por mucho que lo intentemos, la voz puede decirnos que nunca tendremos éxito, que no somos lo suficientemente buenos. ¿De dónde viene? Nadie lo sabe con certeza, aunque la mayoría de los expertos creen que se origina durante la infancia. Todo el mundo tiene esta voz interior, incluso las personas más seguras de sí mismas y mentalmente más fuertes. Se convierte en un problema si permites que controle tu comportamiento. Esta voz interior puede ser lo contrario de la fortaleza mental, pero la buena noticia es que puedes aprender a ser más consciente de ella y a reconocer lo que dice como espurio y poco útil.

El primer paso para reducir el impacto de tu crítico interior es escuchar realmente lo que dice. Mientras nos esforzamos por mejorar, la voz interior puede estar susurrando que nunca tendremos éxito. Cuando intentamos tener éxito en algo nuevo, puede decirnos que siempre fracasamos. Esa voz interior puede ser útil, ya que nos ayuda a regular nuestro comportamiento y a no repetir los errores del pasado. Pero a menudo se atasca en patrones negativos que pueden socavar todo lo que hacemos. Si ves que tu voz interior te dice algo negativo, detente un momento para escudriñar objetivamente lo que te está diciendo.

El fracaso es a menudo un punto focal para el crítico interior. Le encanta sacar a relucir los fracasos del pasado y utilizarlos como prueba de que es probable que vuelvas a fracasar. Pero, como hemos dicho, el fracaso no es algo que deba temerse. Si haces caso a esa voz interior, nunca intentarás nada que implique un riesgo de fracaso, lo que significa esencialmente no intentar nada en absoluto. Si aprendes a ver el fracaso como una oportunidad y un paso hacia el éxito final, ese paso minimizará el efecto de tu voz interior. Muchas de las cosas que dirá tu crítico interior pueden contrarrestarse de esta manera, mirándolas objetivamente y sopesando las pruebas. Para tener éxito, tu crítico interior depende de una respuesta emocional a lo que dice. Si puedes utilizar la lógica y el análisis para disminuir esa respuesta, reduces el impacto negativo de la voz.

También es importante observar a las personas con las que pasas el tiempo y considerar el efecto que tienen en tu estado de ánimo. Algunas personas son tan implacablemente negativas y pesimistas que se parecen mucho a ese crítico interior traído a la vida. De hecho, tu crítico interior se apoderá de lo que dicen estas personas, diciéndote "Mira, ¡tenía razón!". ¿Conoces a alguien así? Si es así, quizá quieras pasar menos tiempo con ellos. Su pesimismo puede ser contagioso. En su lugar, busca a personas que compartan tu optimismo y tu visión positiva.

Pensar en otras personas puede ser otra buena forma de lidiar con tu crítico interior. Imagina que un amigo se acerca a ti y te explica cómo una voz interior negativa le hace dudar de sus capacidades y abandonar sus planes. ¿Qué le aconsejarías? Probablemente tratarías de entender qué es lo que el crítico interior está socavando, y luego utilizarías la lógica para señalar los puntos buenos de esa persona y cómo podría utilizarlos para superar posibles problemas. Parte de la cuestión es que nos resulta mucho más fácil ver lo obvio en otras personas que en nosotros mismos, y a la mayoría de nosotros nos resulta más fácil ser compasivos con otras personas que con nosotros mismos.

Otra estrategia para lidiar con un crítico interno negativo es utilizar un enfoque psicológico conocido como el "sabio defensor". Este enfoque consiste en visualizar a una persona. Puede ser un familiar, un amigo, alguien que conozcas (o hayas conocido) o incluso una figura histórica cuyos logros admires. No importa quién sea. Esta persona visualizada debe ser sabia, compasiva, amable, solidaria, y debe preocuparse de verdad y querer lo mejor para ti. También debe ser una persona cuyos puntos de vista y consejos respetes. Imagina que le describes una situación a esta persona. ¿Cómo respondería y qué te aconsejaría hacer? La orientación de este sabio defensor siempre será positiva y en tu beneficio. Visualizar lo que te aconsejaría puede ser un poderoso antídoto contra los mensajes negativos de tu crítico interior.

Esa voz interior cumple un propósito útil: ayuda a evitar el comportamiento compulsivo al hacernos cuestionar lo que planeamos hacer y pensar si realmente es una buena idea. Se convierte en un problema para muchas personas cuando se vuelve implacablemente pesimista e insolidaria, socavando nuestra confianza y nuestra voluntad de probar cosas nuevas. Hay que aprender a escuchar lo que dice esa voz interior. Al hacerlo, podrás empezar a reconocer cuándo te está dando un mal consejo. Utilizar los consejos de tu sabio defensor te ayudará a disminuir su impacto.

Ejercicio 14: Escuchar y dirigir tu crítico interior

Establecer el hábito de la fortaleza mental

Los hábitos son poderosos impulsores del comportamiento humano. Los hábitos representan mucho más de lo que hacemos cada día de lo que la mayoría de nosotros cree. ¿Pero qué son los hábitos? En general, son comportamientos que realizamos sin pensar o planificar conscientemente. Pueden ser útiles porque no tenemos que pensar en tareas que se repiten a menudo. Por ejemplo, el trayecto matutino al trabajo. Vas de tu casa a tu lugar de trabajo y, para la mayoría de las personas, durante ese trayecto no piensan ni una sola vez en cuánto girar el volante o cuándo pisar el acelerador. Son acciones habituales en las que ya no tenemos que pensar, lo que deja nuestra mente libre para concentrarse en las señales, el resto del tráfico y los peatones.

Sin embargo, los hábitos también pueden ser destructivos y poco útiles. Si aprendemos a lidiar con el estrés a través del alcohol, eso es totalmente inútil. Cualquier situación estresante puede dejarnos con ganas de beber, incluso cuando la bebida es completamente inapropiada. Si dejamos que el miedo al fracaso se convierta en un hábito que nos impida alcanzar los objetivos, tampoco es útil. Antes de hablar de cómo crear hábitos positivos, tenemos que entender un poco la psicología y la fisiología de los hábitos.

En psicología, existe algo conocido como la Ley de Hebb, que afirma que cuando las células nerviosas del cerebro se activan con el mismo patrón repetidamente, acaban formando un circuito neuronal fijo. Cuanto más se utiliza este circuito, más fuerte se vuelve. Una analogía es considerar que se camina por un terreno accidentado. Al principio, se puede elegir cualquier ruta, pero con el tiempo, un camino se va desgastando en la maleza. Cuando posteriormente se recorre esta zona, es mucho más probable que se vuelvan a dar los pasos sobre el sendero emergente.

Del mismo modo, cuando consumimos alcohol en respuesta al estrés, esta respuesta acaba convirtiéndose en un circuito neuronal fijo en nuestro cerebro, un hábito. Si nos sentimos estresados, nuestro cerebro nos dice que una bebida es la respuesta. Si tenemos miedo al fracaso, nuestro cerebro nos dice que la respuesta es evitar cualquier cosa que conlleve un riesgo de fracaso. Afortunadamente, estos circuitos no están fijados permanentemente, algo que se creía anteriormente. Por el contrario, se pueden formar nuevos circuitos neuronales y desechar los antiguos. La capacidad de nuestros cerebros para formar nuevos circuitos neuronales se ha demostrado a través de víctimas de accidentes cerebrovasculares que han sido capaces de reasignar incluso comportamientos fundamentales como caminar a nuevas partes del cerebro.

Los psicólogos llaman "plasticidad" a esta capacidad del cerebro para reformar los circuitos neuronales. El tratamiento de afecciones como el abuso de alcohol y sustancias y los comportamientos compulsivos ha dado lugar a otro descubrimiento: la "neuroplasticidad autodirigida". Suena complicado, pero en realidad no lo es. Simplemente significa que si se hace un esfuerzo consciente para adoptar un nuevo comportamiento, éste acaba por incrustarse en nuevos circuitos neuronales. En otras palabras, se convierte en un hábito.

Piensa en esto por un momento porque es increíblemente poderoso y liberador. Si puedes identificar un nuevo comportamiento que quieres que se convierta en automático, todo lo que tienes que hacer es mantenerlo hasta que se forme un nuevo circuito neuronal, y se convertirá en un hábito. ¿Cuánto tiempo llevará eso? No hay una respuesta definitiva. Parece que depende del individuo y del comportamiento. La mayoría de las estimaciones sugieren entre 30 y 90 días. Lo que sí es cierto es que si eres capaz de mantener un comportamiento nuevo y positivo durante el tiempo suficiente, ese proceso cambiará realmente tu cerebro.

Existen varios métodos para reentrenar el cerebro, pero uno de los más populares es el enfoque de cuatro pasos desarrollado por el Dr. Jeffrey M. Schwartz[11].

- El primer paso es aprender a escuchar tu voz interior y, en particular, lo que el Dr. Schwartz llama "mensajes cerebrales engañosos". Son los mensajes de tu voz interior que has aprendido a reconocer como inútiles y falsos.
- El segundo paso es el replanteamiento. Aprende a analizar estos mensajes y a ver cuáles te impiden alcanzar tus objetivos.
- El tercer paso consiste en reenfocarse, es decir, emprender deliberadamente comportamientos nuevos y más positivos. Incluso si realizas el nuevo comportamiento mientras sigues preocupado por tu crítico interior, empezarás a crear los circuitos neuronales que apoyan los nuevos comportamientos.
- El paso 4 es la revalorización, seguir evaluando objetivamente los mensajes que provienen de tu crítico interior y ver los que son engañosos.

Veamos un ejemplo sencillo. Cuando llegas a casa después del trabajo, estás cansado y probablemente estresado. Tu costumbre es coger una cerveza y desplomarte frente al televisor, algo que haces toda la noche. Todas las noches.

---

[11] *Usted no es su cerebro: The 4-Step Solution for Changing Bad Habits, Ending Unhealthy Thinking, and Taking Control of Your Life (La solución de 4 pasos para cambiar los malos hábitos, acabar con los pensamientos poco saludables y tomar el control de tu vida)*, por el doctor Jeffrey M. Schwartz y la doctora Rebecca Gladding, Avery, 2011.

Pronto, coger una cerveza y el mando a distancia se convierten en hábitos incrustados en los circuitos neuronales que se activan cada vez que entras por la puerta después del trabajo. Lo que te gustaría es hacer algo de ejercicio por la noche dando un paseo, yendo al gimnasio o haciendo footing. Pero todo parece demasiado esfuerzo y, en cambio, te encuentras pasando todas las tardes en el sofá antes de irte a la cama, irritado contigo mismo y un poco disgustado por tu incapacidad para hacer algo más productivo.

La buena noticia es que puedes cambiar ese comportamiento. La mala noticia es que todo depende de ti. En realidad, tienes que querer cambiar, y ahí es donde ayuda tener los objetivos claros. Si te sientas y escribes lo que quieres, eso ayuda a aclarar lo que deseas cambiar. Si uno de esos objetivos es ponerte en forma y quizás perder un poco de peso, entonces está bien. Así pues, tienes que hacer un esfuerzo consciente para no ir a la nevera y encender la televisión cuando llegues a casa después del trabajo. Debes obligarte a salir a caminar o a correr o a ir al gimnasio. Al principio va a ser muy duro porque tus circuitos neuronales te dicen que todo eso está mal, que en vez de eso deberías tomarte una copa y ver telenovelas. Centrarte en tus objetivos te ayuda a encontrar la motivación para empezar el nuevo comportamiento. Esa motivación se mantiene al saber que estás reconectando permanentemente tu cerebro de forma más positiva.

En poco tiempo, cuando vuelvas a casa del trabajo, te encontrarás deseando dar ese paseo o correr. Automáticamente cogerás las zapatillas de correr en lugar de dirigirte a la nevera. Y cuando te vayas a la cama, sentirás la satisfacción de saber que estás progresando hacia tus objetivos y poniéndote en forma. Deshacerse de los hábitos no deseados y adoptar otros nuevos y más positivos es así de sencillo. No es fácil, porque tienes que obligarte a emprender la nueva actividad aunque tus circuitos neuronales existentes te digan que hagas otra cosa. Superar esos mensajes de tu cerebro requiere determinación y compromiso, pero puedes hacerlo y puedes mantenerlo hasta que el nuevo comportamiento se convierta en un hábito.

Los elementos de la fortaleza mental descritos en este capítulo también pueden convertirse en hábitos. Con objetivos claros que te proporcionen motivación, puedes establecer nuevos comportamientos que te permitan:

- Matar la autocompasión
- Aumentar la fuerza de voluntad y la autodisciplina
- Lidiar con el aburrimiento
- Saber cuándo abandonar y volver a centrarse
- Pensar en positivo

Al adoptar estos comportamientos, puedes reentrenar tu cerebro para que acepte los hábitos de la fortaleza mental de forma automática y constante. Todo lo que tienes que hacer es decidir por dónde empezar.

<u>**Ejercicio 15: Identificar un comportamiento que se quiere cambiar**</u>

Capítulo 6: Lista de 10 pasos para desarrollar la fortaleza mental

Este último capítulo ofrece un repaso de todo lo que hemos tratado en forma de 10 epígrafes, cada uno de ellos seguido de preguntas. Lee cada apartado y responde a las preguntas.

Esto no es un examen. No se dará una puntuación al final que te diga si has logrado o no la fortaleza mental. En su lugar, estos puntos de revisión se proporcionan como una forma de evaluar el progreso que has hecho. Es posible que quieras volver a esta sección muchas veces para reevaluar hasta qué punto has sido capaz de desarrollar tu fortaleza mental. Lee las preguntas y piensa en tus respuestas. Si respondes "No" a alguna pregunta, piensa en lo que tienes que hacer para cambiar esta respuesta a "Sí". Vuelve a leer la parte correspondiente de este libro para que te sirva de orientación, y toma las medidas necesarias.

1. Asume la responsabilidad

El primer paso para desarrollar la fortaleza mental consiste en asumir la responsabilidad. Hay dos partes. La primera es aceptar que tienes la capacidad de tomar una decisión sobre el desarrollo de tu propia fortaleza mental. Este libro explica qué es la fortaleza mental y por qué es importante, pero sólo tú puedes decidir incorporarla a tu vida.

¿Has tomado esa decisión y te has comprometido a hacer lo necesario? Si quieres tener éxito, tienes que ser capaz de responder "Sí" sin ninguna reserva. Si no puedes, tal vez tengas que volver a revisar los objetivos personales que creaste en el ejercicio 9. Estos objetivos deben ser lo suficientemente importantes para ti como para que estés dispuesto a hacer el esfuerzo necesario para alcanzarlos.

La segunda parte consiste en aceptar que tienes la capacidad de elegir lo que haces y, en particular, de elegir cómo respondes a los problemas y contratiempos. Si te quejas de otras personas o circunstancias, deja de hacerlo. Si las cosas no salen como las habías planeado, pregúntate qué podrías haber hecho de forma diferente para cambiar el resultado. Quejándose no se consigue nada. Centrarte en lo que puedes hacer de forma diferente la próxima vez marca la diferencia. Puedes elegir ver el mundo como un lugar en el que eres impotente, o puedes elegir cambiar activamente tu vida mediante la fortaleza mental.

- ¿Estás preparado para comprometerte a ser mentalmente fuerte?
- ¿Te has comprometido a convertirte en un triunfador activo, no en un quejica pasivo?

2. Controla tus emociones

Las emociones son importantes, y todos nosotros estamos sujetos a estos sentimientos. Para llegar a ser mentalmente fuerte, debes dominar esas emociones. El primer paso hacia ese dominio es comprender claramente las emociones que te afectan y ver de dónde vienen. La meditación puede ayudar. No tienes que meditar durante mucho tiempo ni adoptar la posición de loto. Basta con que te tomes cinco minutos en un lugar donde no te molesten ni te interrumpan. Cierra los ojos y no pienses en nada más que en tu respiración.

¿Qué sientes? La mayoría de las personas se sienten renovadas y vigorizadas, pero también debes ser consciente de tu voz interior y de las emociones que te provoca. También podrás ver cómo te hacen actuar esos sentimientos. Las emociones positivas conducen a comportamientos positivos. La alegría y la satisfacción conducen a un comportamiento impulsado por la compasión y la bondad. Los celos y la culpa te hacen actuar con poca amabilidad hacia los demás. Sin embargo, el simple hecho de tomar conciencia de las emociones negativas puede disminuir su efecto.

La empatía es una parte fundamental de la fortaleza mental y nos permite comprender las emociones de los demás. Sin ella, nuestras relaciones personales y laborales son mucho más difíciles y menos productivas.

- ¿Eres realmente consciente de las emociones negativas que experimentas?
- ¿Puedes ver cómo estas emociones te hacen actuar de forma negativa?
- ¿Tienes estrategias para lidiar con estas emociones?
- ¿Comprendes las emociones que experimentan otras personas y puedes identificar cómo estas emociones les hacen actuar?

3. Piensa en positivo

Las emociones negativas pueden desterrarse con un esfuerzo consciente. Cuando te des cuenta de que estás experimentando autocompasión, ira o preocupación, haz el esfuerzo de pensar en las cosas por las que estás agradecido. Cuando te encuentres centrado en los fracasos y las decepciones, haz el esfuerzo de pensar en los éxitos y los logros. Cuanto más te regodees en los sentimientos negativos, más socavarán tu determinación y minarán tu energía.

Escucha tu voz interior. ¿Qué te dice? ¿Es crítica y negativa, se centra en las debilidades percibidas y te dice que vas a fracasar? ¿O te apoya, mirando a los éxitos pasados y diciéndote cómo utilizar tus puntos fuertes para tener éxito? Si es negativa, puedes enfrentarte a tu voz interior con lógica y objetividad. Si demuestras que está siendo irrazonablemente pesimista, puedes entrenarla para que acentúe lo positivo.

- En general, ¿te sientes positivo sobre ti mismo y tu futuro?
- Cuando escuchas tu voz interior, ¿te apoya?
- ¿Has visualizado a un sabio defensor?

4. Enfréntate a tus miedos

El miedo es natural e incluso útil porque nos ayuda a evitar situaciones potencialmente perjudiciales. Si no se controla, puede dominarnos y hacer que evitemos los cambios y los retos. A veces, puede ser difícil reconocer cuándo el miedo nos impide hacer algo que nos ayudaría a alcanzar nuestros objetivos. Puede que nos digamos a nosotros mismos que estamos siendo prudentes o cautelosos, pero en realidad, estamos siendo bloqueados por el miedo.

Una vez reconocido, el miedo puede disminuirse utilizando técnicas populares. Estas estrategias implican la exploración de las raíces de nuestros miedos y la adopción de estrategias para disminuir su impacto.

- ¿Se te ocurre alguna ocasión en la que el miedo te haya impedido conseguir algo?
- ¿Has utilizado las técnicas de enfrentarse a los miedos y pre-mortem para disminuir el miedo?

5. Siéntete cómodo con el riesgo

Hacer cambios positivos casi siempre implica un cierto nivel de riesgo. No nos referimos al tipo de riesgo asociado a conducir demasiado rápido o a apostar de forma imprudente, sino al riesgo de que algo que se intenta puede fracasar. Enfrentarse a ese tipo de riesgo es inevitable si se quieren hacer cambios positivos en la vida, pero a muchas personas les parece que cualquier tipo de riesgo es una perspectiva aterradora.

Tu cerebro puede ser entrenado para aceptar el riesgo. Este proceso se denomina "desensibilización" y no significa que tengas que saltar en paracaídas o empezar una afición peligrosa diferente. Simplemente haz el esfuerzo de probar cosas diferentes cada día. Encuentra una nueva ruta para ir al trabajo, come algo diferente en el almuerzo, ve a tomar una copa por la noche con alguien nuevo o aprende una nueva habilidad o destreza. Al hacer estos pequeños cambios, tu cerebro se acostumbra gradualmente a exponerse al riesgo de las nuevas experiencias.

- ¿Se te ocurre algún ejemplo en el que evitar el riesgo te haya llevado a no hacer algo?
- ¿Has probado una nueva actividad recientemente para desensibilizarte del riesgo?

6. Enfréntate eficazmente a los fracasos

El riesgo está asociado al fracaso. Si se intenta algo nuevo, existe la posibilidad de fracasar. Algunas personas utilizan eso como excusa para no intentarlo. La fortaleza mental significa estar dispuesto a aceptar el fracaso, aprender de él y seguir adelante.

El aprendizaje más significativo y útil en la vida proviene del fracaso. El fracaso puede enseñarnos en qué nos equivocamos, lo que nos lleva a comprender cómo hacerlo bien la próxima vez. Si estás abierto a aprender, el fracaso puede ayudarte a avanzar hacia tus objetivos. Jamás asumas que el fracaso es inevitable y apunta siempre al éxito. Sin embargo, acepta que nadie es perfecto y que puedes fracasar en el camino.

- ¿Consideras realmente el fracaso como una oportunidad de aprendizaje?
- ¿Puedes pensar en un fracaso pasado que te haya llevado al éxito?

7. Persiste

Alcanzar la maestría es un requisito esencial para el éxito en cualquier campo. Pero la maestría requiere tiempo y la capacidad de afrontar el aburrimiento y la repetición. La fortaleza mental significa comprender que se necesita tiempo para alcanzar la maestría. La fortaleza mental también significa ser capaz de retrasar la gratificación, de soportar las molestias a corto plazo y el esfuerzo repetitivo para alcanzar los objetivos a largo plazo.

La persistencia también significa afrontar eficazmente el fracaso, utilizándolo como una oportunidad de aprendizaje que nos permitirá avanzar hacia nuestros objetivos. La mayoría de las veces renunciamos a algo porque no tenemos un objetivo lo suficientemente potente como para mantenernos en el camino.

- ¿Alguna vez has renunciado a algo y te has arrepentido después?
- ¿Tus objetivos te hacen seguir adelante incluso cuando las cosas se ponen difíciles?

8. Saber cuándo dejarlo...

La persistencia es necesaria, pero debe atemperarse con la conciencia de que, a veces, abandonar es la mejor opción. El miedo puede hacer que sigamos con algo mucho tiempo después de que esté claro que la actividad no nos está acercando a nuestros objetivos. El tiempo es limitado y hay que revisar constantemente lo que se hace y lo que se consigue con el trabajo. Si algo no es productivo, detente, aprende y sigue adelante.

Renunciar debe ser una decisión consciente. Tú eres el responsable de renunciar, al igual que lo eres de cualquier otro aspecto de tu vida. No dejes que las cosas vayan a la deriva. Ten el control y decide cuándo seguir y cuándo abandonar algo. Nunca abandones porque continuar sea difícil o agotador. Abandona porque continuar no te ayuda a progresar hacia tus objetivos.

- ¿Has seguido alguna vez con algo aunque no fuera productivo?
- Si estás pensando en dejarlo, ¿has examinado tus razones?

9. Piensa como un Marine Real

El entrenamiento de los Royal Marines hace hincapié en cuatro cualidades que se suman a la fortaleza mental. Son la unidad, la humildad, la adaptabilidad y la fortaleza. La adaptabilidad consiste en ver la oportunidad en la incertidumbre, estar dispuesto a asumir riesgos y beneficiarse del aprendizaje que supone el fracaso. La fortaleza tiene que ver con la persistencia, con seguir adelante cuando se está cansado, desanimado o desmotivado.

Las otras dos cualidades son igualmente importantes, pero a menudo se descuidan como elementos de la fortaleza mental. La unidad consiste en no ser egoísta, estar orientado al equipo, ser empático y solidario. La humildad significa aceptar que siempre hay cosas que se pueden aprender y siempre hay áreas en las que se puede mejorar.

Ser duro mentalmente significa tener las cuatro cualidades.

- ¿Tienes unidad, humildad, adaptabilidad y fortaleza?

10. Actúa

"La inacción genera dudas y miedo. La acción genera confianza y valor. Si quieres vencer el miedo, no te sientes en casa a pensar en ello. Sal y ponte a trabajar".

Dale Carnegie

Nunca tendrás éxito sólo pensando en lo que podrías cambiar. El éxito viene de la acción. Ya sabes qué hacer para desarrollar la fortaleza mental que necesitas para triunfar. Ahora, debes hacerlo. Para hacerlo posible, necesitas planes.

Las metas que marcaste en el Ejercicio 9 son esenciales. Son los objetivos por los que estás trabajando, y ayudan a reforzar la fuerza de voluntad y la autodisciplina en los momentos difíciles. Pero también necesitas planes a corto plazo que te ayuden a progresar hacia esos objetivos a largo plazo. Puede que tengas tu propio método para crear planes, pero ¿cómo respondes a las siguientes preguntas?

- ¿Has elaborado un plan para los próximos tres meses? Este plan debe incluir los objetivos que quieres lograr y que apoyan tus metas a largo plazo. Estos objetivos pueden incluir el aprendizaje de nuevas habilidades, la práctica de nuevas capacidades como la unidad, la humildad y la empatía, y la aplicación del pensamiento positivo. Al final del período de tres meses, revisa el progreso y haz un nuevo plan para los siguientes tres meses. Decide en qué vas a seguir trabajando y a qué vas a renunciar. Si has experimentado algún fracaso, piensa en cómo has aprendido de estos contratiempos y qué harás para evitar los mismos fracasos en el futuro.

- ¿Has hecho un plan para el próximo mes? Este plan mensual debe identificar al menos un comportamiento que desees cambiar utilizando la neuroplasticidad autodirigida. Realmente no importa qué comportamiento elijas. Puede ser algo tan sencillo como hacer la cama a primera hora cada mañana o llegar al trabajo 15 minutos antes. Lo importante es reconocer que puedes cambiar tu comportamiento y que, si mantienes el nuevo comportamiento positivo, éste se convertirá en un hábito. Intenta fijarte como objetivo al menos un nuevo comportamiento positivo cada mes. Revisa al final de cada mes y evalúa si has cambiado con éxito. Una vez que te sientas seguro con este enfoque, puedes empezar a utilizarlo para dirigir nuevos comportamientos. Éstos pueden tener como objetivo desensibilizarte a la hora de asumir riesgos, enfrentarte a tus miedos, aumentar tu fuerza de voluntad y tu autodisciplina, pensar en positivo y persistir.

- ¿Haces una lista de "cosas por hacer" todos los días? Cuando se intenta desarrollar la fortaleza mental al mismo tiempo que se dedica tiempo al trabajo, a las relaciones y a encontrar tiempo para las aficiones y el ejercicio, es demasiado fácil sentirse abrumado. Una buena forma de asegurarse de que utilizas tu tiempo de forma eficaz es hacer una lista, a primera hora, de las tareas que quieres completar ese día. Puedes escribir la lista en papel o utilizando una aplicación.

Incluye tareas para desarrollar la fortaleza mental, como desensibilizarte al riesgo probando nuevas experiencias.

- ¿Revisas los progresos cada día? Al final de cada día, piensa en lo que has conseguido, sobre todo en lo que se refiere a avanzar hacia tus objetivos y adoptar los hábitos de la fortaleza mental. Piensa en cómo un nuevo comportamiento te ha permitido responder más eficazmente a una situación en el trabajo o en tu vida personal. Celebra el éxito y la consecución de hitos importantes. Si completas una tarea concreta o consigues una nueva habilidad, date un capricho.

Ejercicios

Ejercicio 1: Los enemigos de la fortaleza mental

En el capítulo 2, examinamos siete estados mentales que inhiben la fortaleza mental. Son los siguientes:

-Autocompasión

-Inseguridad

-Pereza

-Perfeccionismo

-Miedo

-Emociones negativas

-Creencias autolimitantes

Tómate cinco minutos para repasar la lista y destaca los que te han afectado. Sé sincero. Superar estos estados de ánimo son algunos de los retos más importantes que tendrás que vencer en tu viaje hacia la fortaleza mental. Es importante que identifiques esos retos en los que necesitas trabajar.

Intenta identificar aquellos estados de ánimo que se han convertido en respuestas habituales. ¿Siempre te enfadas cuando las cosas no salen como quieres? ¿O te compadeces de ti mismo? Anota los estados que tienen más impacto en tu vida. No te preocupes, no vas a compartir estas notas con nadie más. Quizá quieras volver a este ejercicio más adelante para ver si has mejorado.

Ejercicio 2: Emociones negativas

Este ejercicio te llevará un poco más de tiempo, pero es importante que reconozcas e identifiques las emociones que sientes.

En primer lugar, piensa en cómo respondes cuando las cosas van mal. En particular, piensa en las emociones que experimentas. ¿El fracaso te hace enfadar? ¿Te provoca ansiedad? ¿Miedo? ¿Culpa? Escribe las emociones que sientes. Probablemente habrá más de una, así que tómate tu tiempo para pensar detenidamente y asegúrate de identificar todas las emociones.

Ahora, junto a cada emoción, escribe cómo te hizo actuar esa emoción. ¿Quizás la ira te hizo comportarte de forma desagradable con un compañero o amigo? ¿Quizás la vergüenza te hizo jurar que no volverías a ponerte en la misma situación? ¿Los celos te hicieron actuar de forma desagradable con otra persona? No hay respuestas correctas. Cada persona responde de forma diferente y algunas de las cosas que describes pueden hacer que te encrespes, pero necesitas desarrollar las habilidades no sólo para entender cómo te sientes, sino para pensar en cómo eso te hace actuar.

A continuación, escribe cómo vas a evitar actuar de la misma manera en el futuro. Si la ira es un problema que te hace reaccionar, piensa en estrategias para cambiarlo. Respira profundamente, cuenta hasta 10 o lo que te funcione. Si el problema es la vergüenza, ¿qué puedes hacer para reducir esta emoción en el futuro?

Está más allá del alcance de este libro dar estrategias para tratar cada emoción. En cambio, este ejercicio consiste en empezar a pensar en las emociones negativas. Si puedes hacerlo de forma objetiva, descubrirás que respondes de manera diferente la próxima vez que sientas esa emoción.

Ejercicio 3: Empatía

Piensa en la última ocasión en la que un amigo, un compañero o una pareja se sintió infeliz. ¿Comprendes realmente la causa de su infelicidad? ¿Puedes identificar las emociones que estaban experimentando y ver qué causaba esos sentimientos? Ahora, piensa en las respuestas a estas preguntas:

- En las mismas circunstancias, ¿qué emociones habrías sentido? ¿Habrían sido las mismas? Si no, ¿por qué no?

- ¿Cómo habrían respondido esas emociones? ¿Habrías actuado de forma diferente? ¿Por qué?

- ¿Habría sido tu respuesta razonable y eficaz? ¿Habría habido mejores formas de responder?

- Piensa en alguien a quien admires (no importa si conoces a la persona o si es real). ¿Cómo habrían respondido ellos en la misma situación? ¿Habría sido una forma mejor de responder? ¿Cómo puedes actuar de manera más parecida a la de esa persona que admiras?

Tómate el tiempo de pensar en el grado de empatía que tienes. ¿Estás seguro de que comprendes las emociones que siente la otra persona? ¿Eres capaz de ponerte en su lugar y pensar en sus acciones sin juzgarlas? En resumen, ¿eres empático? Si no es así, es posible que quieras trabajar para aumentar tu empatía.

Para obtener más detalles, puedes probar a hacer un test de Inteligencia Emocional. Encontrarás muchos tests de este tipo en Internet. Intenta utilizar uno de una organización de prestigio, como los que ofrece *Psychology Today* o el *Instituto para la Salud y el Potencial Humano,* y piensa en lo que te dicen los resultados.

Ejercicio 4: Cómo afrontar el fracaso

Tómate el tiempo de anotar los detalles de cinco fracasos recientes en tu vida. Pueden ser grandes o pequeños, desde no meter un putt de un metro hasta no conseguir un contrato importante.

Ahora, la parte complicada: Describe cómo respondiste a esos fracasos. Anota si esos fracasos te provocaron una rabieta, una negación, un sentimiento de culpa o una duda. Piensa en cuáles fueron tus emociones y cómo te hicieron actuar. Sé completamente sincero e incluye todos los detalles posibles.

¿Cómo podrías haber actuado de forma diferente y más constructiva? Para cada fracaso, escribe al menos una idea sobre cómo podrías haber respondido de forma más positiva. ¿Qué aprendiste de cada fracaso?

Probablemente puedas ver que los cambios relativamente pequeños en el comportamiento del fracaso pueden proporcionar un camino mucho más positivo hacia adelante.

Ejercicio 5: Ponle nombre a tu miedo

Cuando tienes miedo, es difícil ser objetivo, pero eso es justo lo que tienes que hacer cuando nombras tus miedos. Piensa en una actividad que estés posponiendo o que no puedas empezar. Ahora, emprende estas dos breves tareas de escritura:

- Escribe un relato de la actividad que describa qué es lo que tienes que hacer y por qué lo evitas. Escríbelo como si lo fuera a leer alguien que no te conoce ni sabe nada de la tarea.

- A continuación, escribe un artículo breve y persuasivo que argumente contra la realización de esta tarea. Sé tan descriptivo como puedas. Incluye los puntos positivos, pero trata de persuadir al lector de que emprender esta tarea es una mala idea.

¿Cómo te sientes ahora con esa tarea? Los miedos sin nombre, los miedos a lo desconocido, son los más destructivos e insistentes. El simple hecho de tomarse el tiempo de observar objetivamente qué es lo que temes puede hacer que disminuya.

Ejercicio 6: ¿Qué es lo peor que puede pasar?

Esta técnica implica aplicar un poco de imaginación, e incluso puede ser divertida en un sentido macabro.

Piensa en alguna idea nueva o en una acción diferente que estés considerando.

Tómate un tiempo para pensar en la peor posición en la que podrías encontrarte si sigues esta nueva idea. No te contengas. Sé tan dramático y exagerado como quieras. Visualízate viviendo en una caja de cartón bajo un puente, abandonado por tu pareja después de que te hayan embargado la casa y el coche. Y está nevando.

- ¿Cómo has llegado hasta allí?

- En concreto, ¿cuáles fueron las decisiones y elecciones que tomaste que te llevaron a esa situación? Escribe tu respuesta.

- ¿Cómo podrías haber tomado decisiones diferentes que hubieran evitado ese peor escenario? Escribe tus respuestas.

Enfrentarse a los miedos imaginando lo peor que puede ocurrir ha ayudado a la gente a superar el miedo desde que Séneca el Joven introdujo la idea por primera vez hace 2.000 años. A ti también te puede ayudar.

Ejercicio 7: Haz una prueba de humildad

¿Cómo sabes si tienes humildad? Lee las siguientes afirmaciones y piensa en una situación reciente en la que te hayas visto envuelto, ya sea con éxito o no. Puede ser de tu trabajo o de tu vida personal, pero debe ser algo que haya dado lugar a una discusión posterior sobre lo sucedido.

- Lo he estropeado todo. Es mi culpa. Lo siento.
- Dime en qué me he equivocado.
- No sé qué hacer y necesito ayuda.
- ¿Cómo puedo ayudar?
- Sé que tengo cosas que aprender y espacio para mejorar.
- Lo has hecho bien.
- No puedo atribuirme el mérito.
- Estoy escuchando...

¿Te imaginas haciendo alguna de estas afirmaciones como parte de la discusión posterior al evento? ¿En voz alta y delante de otras personas? ¿De verdad? Sé honesto porque a muchos de nosotros nos cuesta dar elogios, admitir que hemos fallado o que necesitamos ayuda.

Si puedes imaginarte haciendo estas afirmaciones, y aún mejor si lo haces regularmente, entonces felicidades, ya tienes humildad. Si, por el contrario, no puedes imaginarte haciendo estas afirmaciones, puede que tengas un problema. Tal vez tu ego se interpone en tu camino. Si no puedes ver ninguna razón para hacer estas afirmaciones porque nunca cometes errores, no tienes nada que aprender y nunca necesitas ayuda, entonces te falta humildad.

Para aumentar tu humildad, puedes hacer un esfuerzo consciente para utilizar estas afirmaciones (u otras similares) la próxima vez que participes en la discusión de un éxito o un fracaso.

Ejercicio 8: ¿Qué has aprendido hoy?

Tómate unos minutos al final del día para escribir lo que has aprendido ese día. No tiene que ser nada importante. ¿Aprendiste una palabra o frase nueva, aprendiste algo nuevo sobre un tema que te interesa, encontraste una nueva ruta para ir al trabajo, aprendiste algo nuevo sobre un amigo o compañero?

Prácticamente todos los días se aprende algo nuevo. Por lo general, ni siquiera te das cuenta de que estás aprendiendo, a menos que te detengas y pienses detenidamente en los nuevos conocimientos. Pensar en lo que estás aprendiendo refuerza dos hechos importantes sobre ti: que adquieres nuevas experiencias y conocimientos cada día y que siempre tienes la capacidad de aprender y mejorar. Estos son atributos esenciales de la humildad.

Ejercicio 9: Establecer objetivos personales

El ejercicio 9 es un ejercicio complejo, así que no te apresures.

Empieza por pensar en lo que quieres conseguir en los próximos 10 años. Este objetivo puede ser amplio y bastante vago. Es sólo el punto de partida. Sé sincero. No vas a compartir tus objetivos con nadie. Poner por escrito las ideas es una buena manera de aclarar tu pensamiento. No te sientas presionado para decir que quieres ayudar a la gente y hacer del mundo un lugar mejor. Estos objetivos deben ser importantes para ti. Si te apasiona la filantropía o el altruismo, estupendo. Pero si tu objetivo es algo más egoísta, como tener un coche deportivo, comprar una casa en la playa o jubilarte con seguridad financiera, también está bien. Estos objetivos deben ser relevantes y motivadores para ti, no para nadie más.

A continuación, debes identificar los objetivos SMART que necesitas para alcanzar tu objetivo a 10 años. Tal vez quieras desglosar estos objetivos aún más en los que puedes alcanzar en el próximo mes o dos y los que te llevarán más tiempo. Algunos objetivos pueden ser incluso secuenciales y dependientes. Por ejemplo, es posible que quieras conseguir un ascenso en el trabajo, pero que antes necesites una cualificación adicional.

Tómate el tiempo de escribir estos objetivos. Detalla cada uno de ellos. Ten claro lo que quieres conseguir, cómo lo vas a hacer y cuándo pretendes completarlo.

Esta lista de objetivos se convertirá en tu hoja de ruta para el futuro y en tu motivación. Construir la fortaleza mental llevará tiempo y un esfuerzo sostenido. Tu deseo de alcanzar estos objetivos es lo que te impulsará a seguir adelante. ¿Son lo suficientemente importantes como para que estés dispuesto a dedicar tiempo y esfuerzo a conseguirlos? Si no es así, es posible que quieras revisar esta lista varias veces hasta que identifiques el objetivo de tu vida.

Establecer estos objetivos también te ayudará a desarrollar la habilidad de retrasar la gratificación. Si sabes que estás trabajando para conseguir objetivos definidos y claros a largo plazo, es mucho más fácil resistir la tentación y evitar la pereza.

Una vez que hayas terminado, guarda esta lista en un lugar seguro. Volverás a ella en el futuro. Al menos cada tres meses, o más a menudo si lo consideras necesario, revisa tu lista de objetivos. ¿Siguen siendo relevantes y motivadores? Si no es así, considera la posibilidad de cambiar los objetivos existentes o añadir otros nuevos. Durante la revisión, anota en cada objetivo el progreso que has hecho hacia él.

Ejercicio 10: Cosas que agradecer

Escribe cinco cosas por las que estés agradecido. Sé creativo. Da las gracias por la buena salud, el buen tiempo, por tener un trabajo que te permite mantener a tu familia, por tener una pareja que te quiere, por vivir en un lugar que no está asolado por la guerra o el hambre. En la vida hay muchas cosas por las que dar las gracias. Dedicar tiempo a la gratitud es una forma poderosa de desterrar los sentimientos de autocompasión.

Ejercicio 11: Autodisciplina

Escribe cinco cosas que te resulten difícil hacer cada día. Estos retos pueden ser cualquier cosa, desde levantarse de la cama a tiempo, hasta lavarse después de comer o mantener la casa ordenada. Todos tenemos cosas que preferiríamos no hacer, pero nos acostumbramos tanto a no hacerlas o a posponerlas que apenas somos conscientes de ellas. Por eso nos sorprendemos cuando acabamos con un fregadero apilado de platos sucios y un apartamento que parece haber sido barrido por un ciclón.

Ahora, haz otra lista de cinco cosas que probablemente no deberías hacer pero a las que te resulta difícil resistirte. Puedes incluir cualquier cosa, desde tomar un tentempié azucarado con el café de la mañana, hasta pasar la noche frente al televisor o tomar una copa después del trabajo todas las noches.

A continuación, echa un vistazo a estas listas y elige un elemento de cada una. A partir de ahora, la tarea que te resulte difícil de hacer, la harás puntualmente, todos los días. Harás un esfuerzo consciente para resistir la tentación.

Después de resistir la tentación y hacer una tarea que normalmente evitas durante un mes, ¿cómo te sientes? ¿No sientes que tienes la capacidad de tomar las riendas, de tener el control de tu propio destino? ¿No te sientes bien? Ahora imagina que extiendes esa sensación a otras partes de tu vida.

La buena noticia es que, al dar estos pequeños pasos, estás desarrollando tu fuerza de voluntad y tu autodisciplina y, como aprenderás, en realidad estás recableando tu cerebro. Si vas paso a paso, puedes cambiar tu vida para alcanzar esos objetivos a largo plazo.

Ejercicio 12: Aburrimiento

Escribe cinco emociones negativas que asocies con el aburrimiento. Tómate el tiempo de pensar realmente en estos sentimientos, pero puedes incluir cosas como:

-Frustración

-Inquietud

-Pesimismo

-Ira

-Ansiedad

Piensa en una actividad concreta que te cause aburrimiento. Considere los beneficios positivos que aporta esa actividad y los posibles efectos negativos de no realizarla. Podrás ver por qué merece la pena soportar las emociones a corto plazo causadas por el aburrimiento a cambio de los beneficios a largo plazo de la actividad. Deberías ser capaz de hacer esto con cualquier actividad que te resulte aburrida.

Ejercicio 13: Saber cuándo renunciar

Piensa en tres ocasiones en tu experiencia personal en las que hayas dejado algo que no debías. Piensa en lo que habría supuesto por tu parte continuar.

Ahora, piensa en tres ocasiones en tu experiencia personal en las que hayas continuado con algo más allá de lo productivo o útil, ocasiones en las que hubiera sido mejor dejarlo. ¿Qué fue lo que te hizo continuar cuando deberías haber dejado de hacerlo?

Este ejercicio no consiste en lamentar los errores del pasado: se trata de reconocer que no hay una regla rígida y rápida sobre cuándo es un buen momento para dejar algo. Aprende a evaluar objetivamente el beneficio frente al esfuerzo y a centrar tu energía en lo que más te beneficie.

Ejercicio 14: Escuchar y dirigir tu crítica interior

Durante una semana, anota ejemplos de conversaciones negativas de tu crítico interior. Escuchar claramente esa voz no será fácil. Tienes que escucharla con atención. Si te sientes aprensivo, sin confianza o simplemente reacio a hacer algo, puede ser porque tu voz interior te ha estado sugiriendo problemas y un posible fracaso. No importa si los problemas son grandes, pequeños o simplemente irritantes. Intenta hacer una lista de al menos 10 ejemplos de cuándo tu voz interior ha intentado bloquearte o socavarte.

Al final de la semana, o cuando hayas descubierto 10 ejemplos, detente y léelos. ¿Había algo de verdad en lo que decía tu voz interior? A menudo no la hay. Las cosas que te dice esta voz están pensadas para provocar una respuesta emocional, y a menudo no resisten un escrutinio lógico. Cuando tu voz interior te dice "Siempre fracasas", por ejemplo, normalmente no es cierto. Si te tomas el tiempo de pensar en ello, se te ocurrirán muchos ejemplos en los que no has fracasado, a pesar de lo que te sugiere tu voz interior. Utiliza la técnica de imaginar que es un amigo el que te habla, en lugar de tu voz interior, e imagina cómo responderías.

Deberías ser capaz de ver que lo que dice tu crítico interior no suele ser cierto ni útil. Cada vez que rechazas un mensaje negativo de tu crítico interior, evitas el daño potencial a tu autoestima y confianza. Si puedes seguir reconociendo y rechazando estos mensajes negativos, con el tiempo tu voz interior cambiará y verás que se vuelve más solidaria y útil.

Ejercicio 15: Identificar un comportamiento que se quiere cambiar

Este ejercicio es similar al ejercicio 11, pero es diferente en el sentido de que realmente estarás confirmando tu capacidad de recablear tu propio cerebro. Siéntate y piensa en algún aspecto de tu comportamiento que te gustaría cambiar para potenciar tu fortaleza mental. No tiene por qué ser algo masivo. Quizás te gustaría mantener tu casa ordenada o hacer la cama cuando te levantas por la mañana. Tal vez te gustaría no dejar los platos sucios en el fregadero, levantarte un poco antes para no acabar apurado en el trabajo o no comerte una bolsa de patatas fritas con el almuerzo todos los días.

Ahora, piensa en lo que tienes que hacer para cambiar ese comportamiento. En la mayoría de los casos, es bastante obvio. Sabes lo que deberías hacer. El problema suele ser simplemente no encontrar la voluntad de hacerlo. Comprométete contigo mismo a emprender el nuevo comportamiento y a mantenerlo durante al menos un mes.

Eso es todo lo que tienes que hacer. Cambiar el comportamiento es tan fácil como obligarse a hacer algo nuevo hasta que se convierta en un hábito. Parece demasiado sencillo, pero realmente funciona y se basa en avances relativamente recientes en psicología y neurobiología. Se puede reeducar el cerebro para que funcione como uno quiere. Si ves que este enfoque funciona en un aspecto de tu vida, ganarás confianza para extenderlo a todo lo demás que hagas.

Conclusión:

La fortaleza mental es un término muy utilizado, pero poco comprendido. Mucha gente cree que significa ser egoísta, sin emociones o incluso sin miedo. En realidad, no significa nada de eso, como ya comprenderás claramente. La fortaleza mental no es una habilidad única, sino un enfoque que puede llevarte a través de las peores sorpresas de la vida. También te ayuda en el trabajo, en las relaciones e incluso en las aficiones. La fortaleza mental es un requisito previo para el éxito en cualquier campo.

Sin embargo, la fortaleza mental es compleja, y no existe una lista sencilla que pueda utilizarse para evaluar si se es mentalmente fuerte. Los elementos más importantes son:

- **Establecer objetivos alcanzables.** Necesitas motivación para mantener tu fuerza de voluntad y tu autodisciplina. Esta motivación proviene de tener objetivos claros por los que trabajar. Deben ser objetivos que te importen profundamente y que te sostengan incluso cuando las cosas se pongan difíciles.
- **Tomar el control.** Tener el control empieza por reconocer que hay cosas que puedes cambiar y otras que no y centrar tu tiempo y energía en estas últimas. Significa comprender que puedes elegir entre ceder a emociones como la autocompasión y la negatividad. Significa entender que puedes elegir ser activo y cambiar las cosas con las que no estás contento, o puedes ser un quejica pasivo.

Una elección cambiará tu vida. La otra te dejará decepcionado y amargado.

- **Superar las emociones negativas.** Hay momentos en los que todo el mundo experimenta ira, decepción, frustración, celos o incluso desesperación. La fortaleza mental significa no permitir que estas emociones negativas dominen. Significa hacer un esfuerzo consciente para aumentar la influencia de las emociones positivas como la compasión, la esperanza y la alegría. Significa seguir siendo optimista a pesar de los reveses y aprender del pasado, pero sin dejarse controlar por él. No se puede ser mentalmente fuerte sin aprender a pensar en positivo.
- **Saber que la maestría lleva tiempo.** Si quieres llegar a ser hábil en algo, tienes que repetirlo hasta que lo domines. No hay ningún atajo y la repetición suele implicar aburrimiento. Hay que sentirse cómodo con este hecho y aceptar que las molestias e irritaciones a corto plazo son experiencias inevitables en el camino hacia el éxito a largo plazo.
- **Estar dispuesto a correr riesgos.** Si quieres asegurarte de no fracasar nunca, sólo hay una manera: no intentarlo. La fortaleza mental significa estar dispuesto a arriesgarse a fracasar porque reconoces que es necesario para acercarte al éxito.
- **Afrontar eficazmente los contratiempos.** Superar los contratiempos implica aprender a lidiar con el miedo y los problemas. También implica ver oportunidades de aprendizaje incluso en el fracaso. También requiere ser resistente y

persistente y aceptar que puede llegar un momento en que abandonar sea la mejor opción.
- **Ser desinteresado.** La fortaleza mental significa saber lo que quieres y trabajar para conseguir ese objetivo. Esa dedicación no es lo mismo que ser egoísta. Trabajar para ayudar y hacer progresar a otras personas es siempre importante. Las personas más exitosas surgen de los equipos con más éxito.
- **Mantener la humildad.** Por mucho que se consiga, nunca hay que denigrar a otra persona, y nunca hay que dejar de creer que se puede mejorar. La arrogancia no tiene cabida en la fortaleza mental, y conduce a la falta de progreso.

Si observamos a prácticamente cualquier persona de éxito en cualquier campo, veremos todas estas cualidades. La buena noticia es que todas estas habilidades no son innatas. Se pueden aprender y desarrollar.

Por desgracia, la fortaleza mental no garantiza el éxito en todo lo que hagas. Sin embargo, la falta de fortaleza mental hará que no tengas éxito. Si realmente quieres cambiar tu vida, adoptar la fortaleza mental es un buen punto de partida.

Si no estás contento con tu vida ahora mismo, sólo tienes dos opciones. O bien puedes esperar a que la suerte te traiga el cambio, o bien puedes desarrollar la fortaleza mental para entender lo que quieres y desarrollar las habilidades que necesitas para conseguirlo. Sólo uno de estos enfoques traerá una mejora garantizada a tu vida.

¿Cuál eliges?

TU REGALO

Nos gustaría agradecerte la compra de este libro ofreciéndote un regalo. Puedes elegir entre cualquiera de nuestros otros títulos publicados.

Obtén acceso inmediato a uno de nuestros libros haciendo clic en el siguiente enlace y uniéndote a nuestra lista de correo:

https://campsite.bio/mastertoday

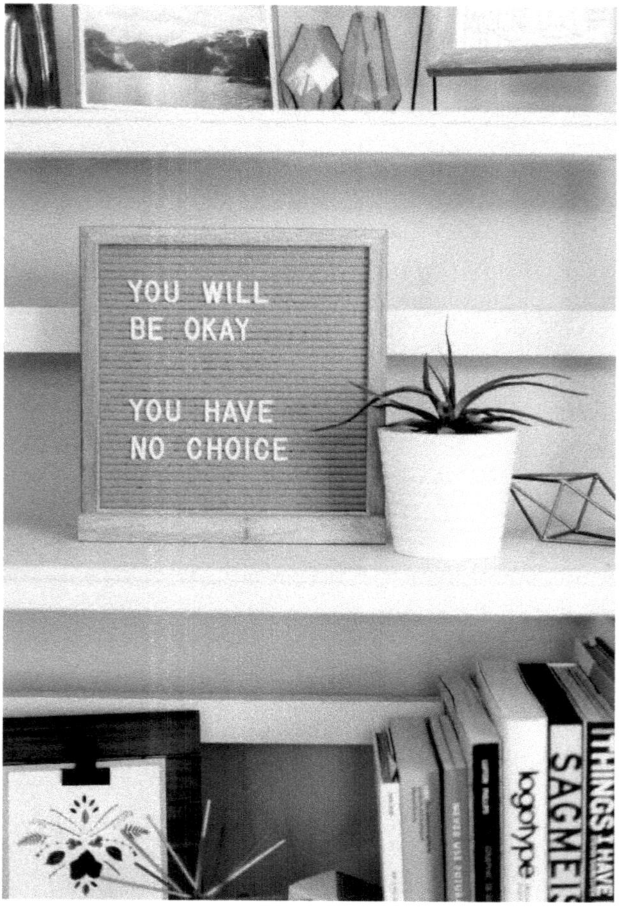
YOU WILL
BE OKAY
YOU HAVE
NO CHOICE
logotype

Milton Keynes UK
Ingram Content Group UK Ltd.
UKHW022021100524
442532UK00014B/411